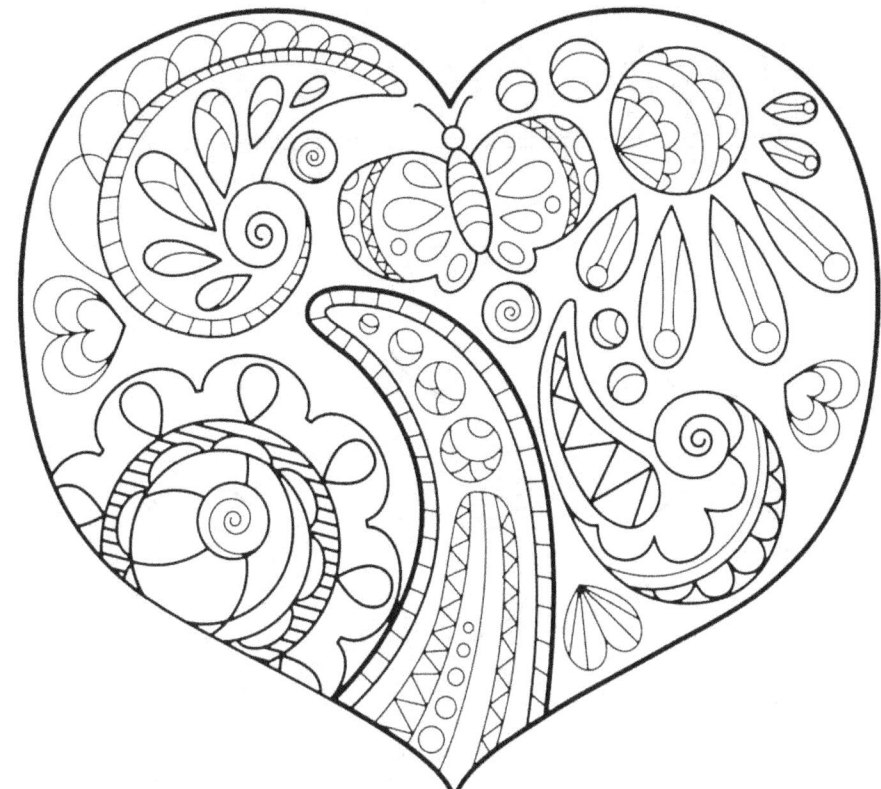

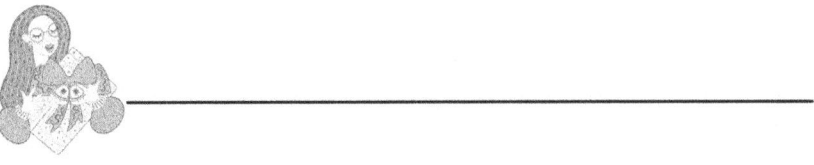

This Book Belongs To:

_____

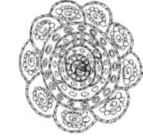

_____

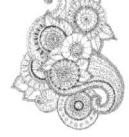

_____

Test Your Color

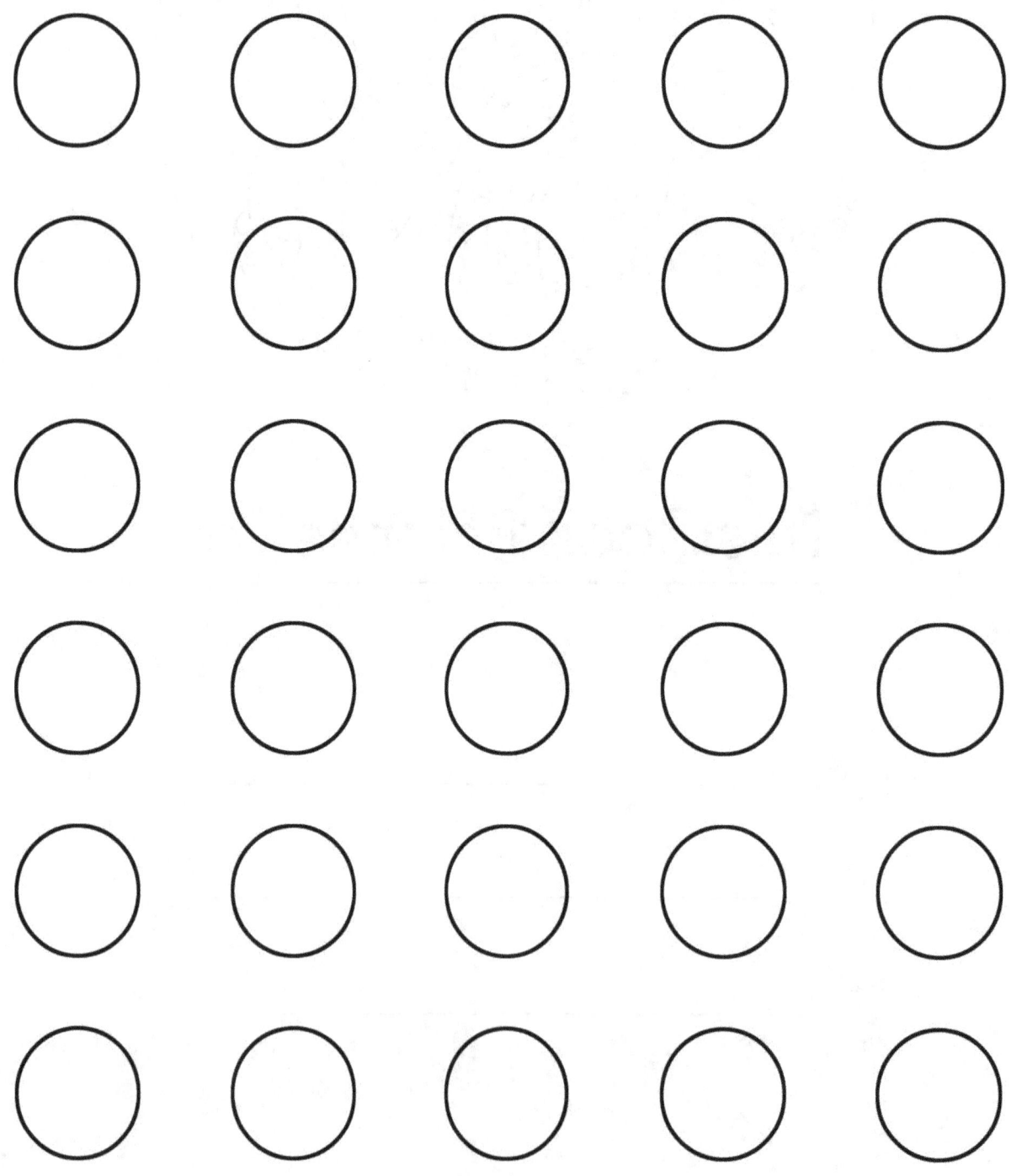

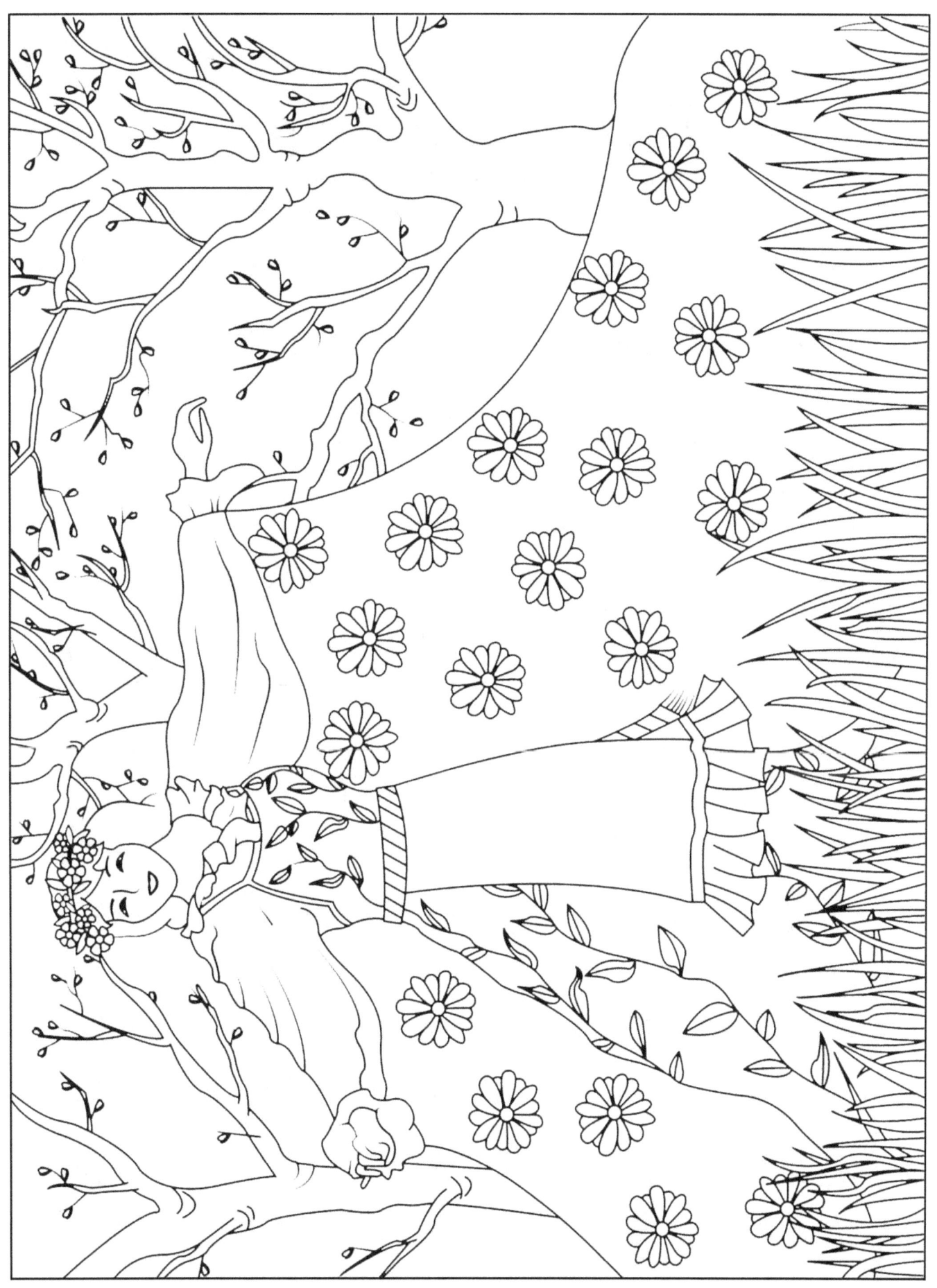

Test Your Color

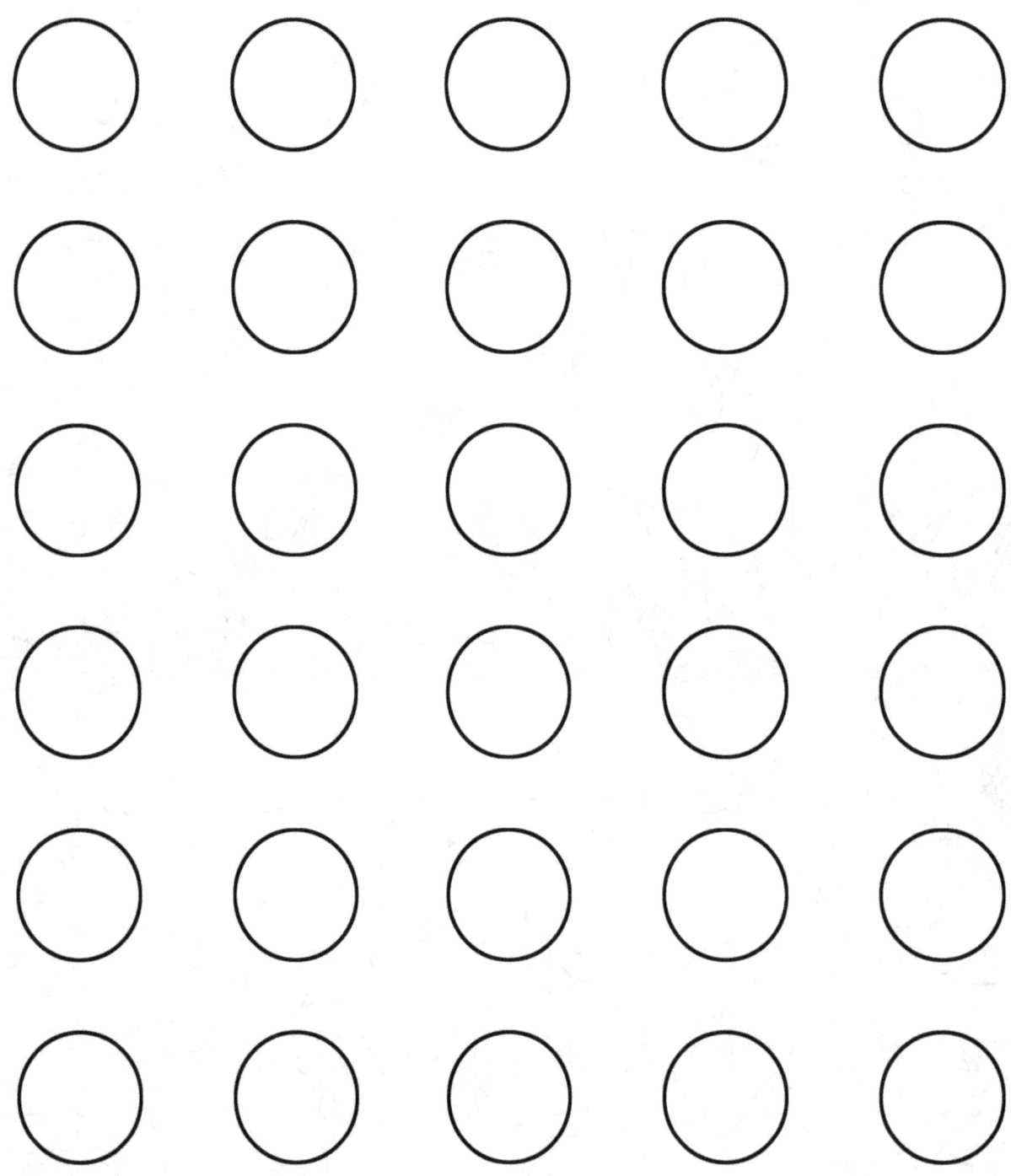

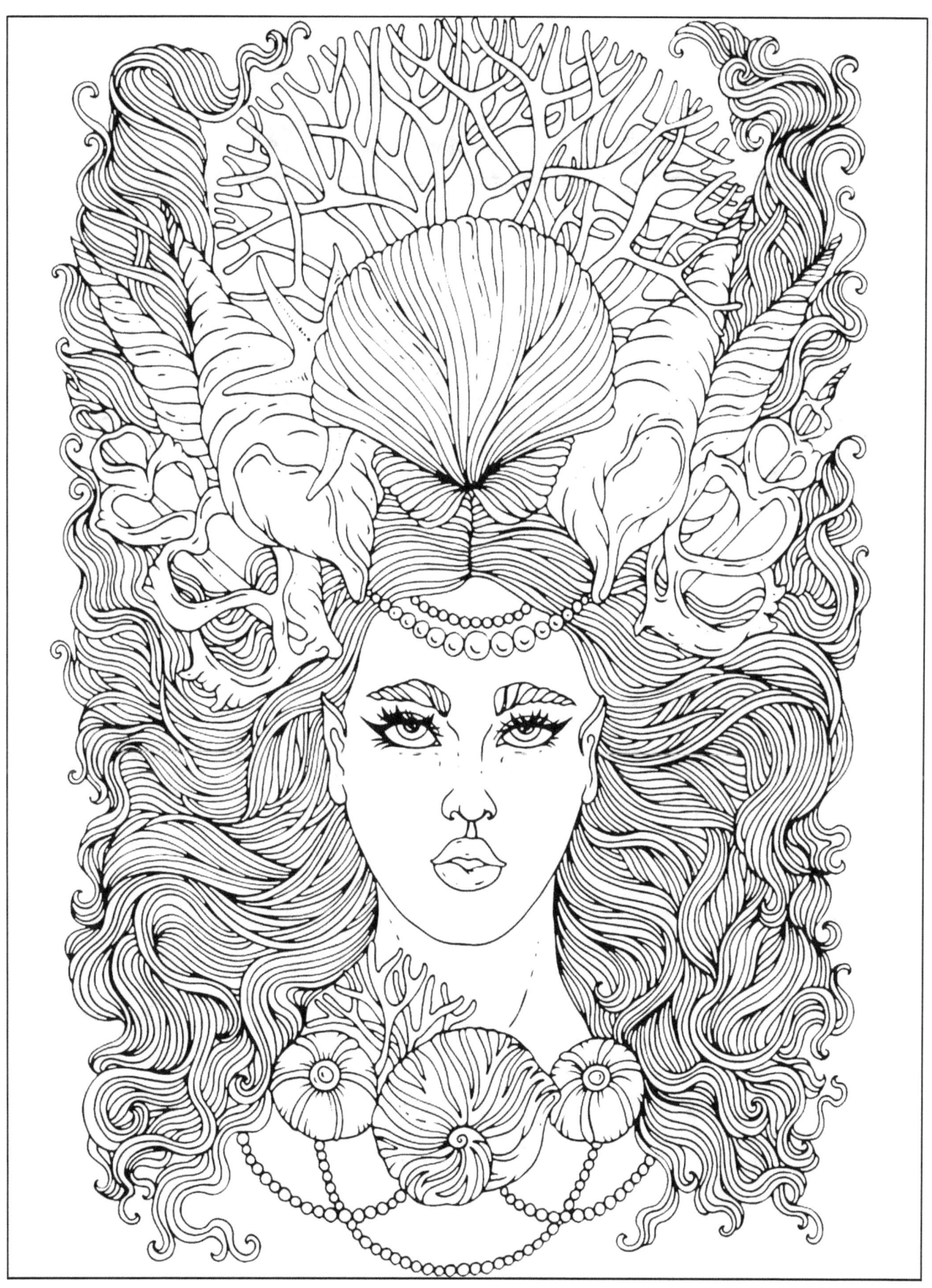

Test Your Color

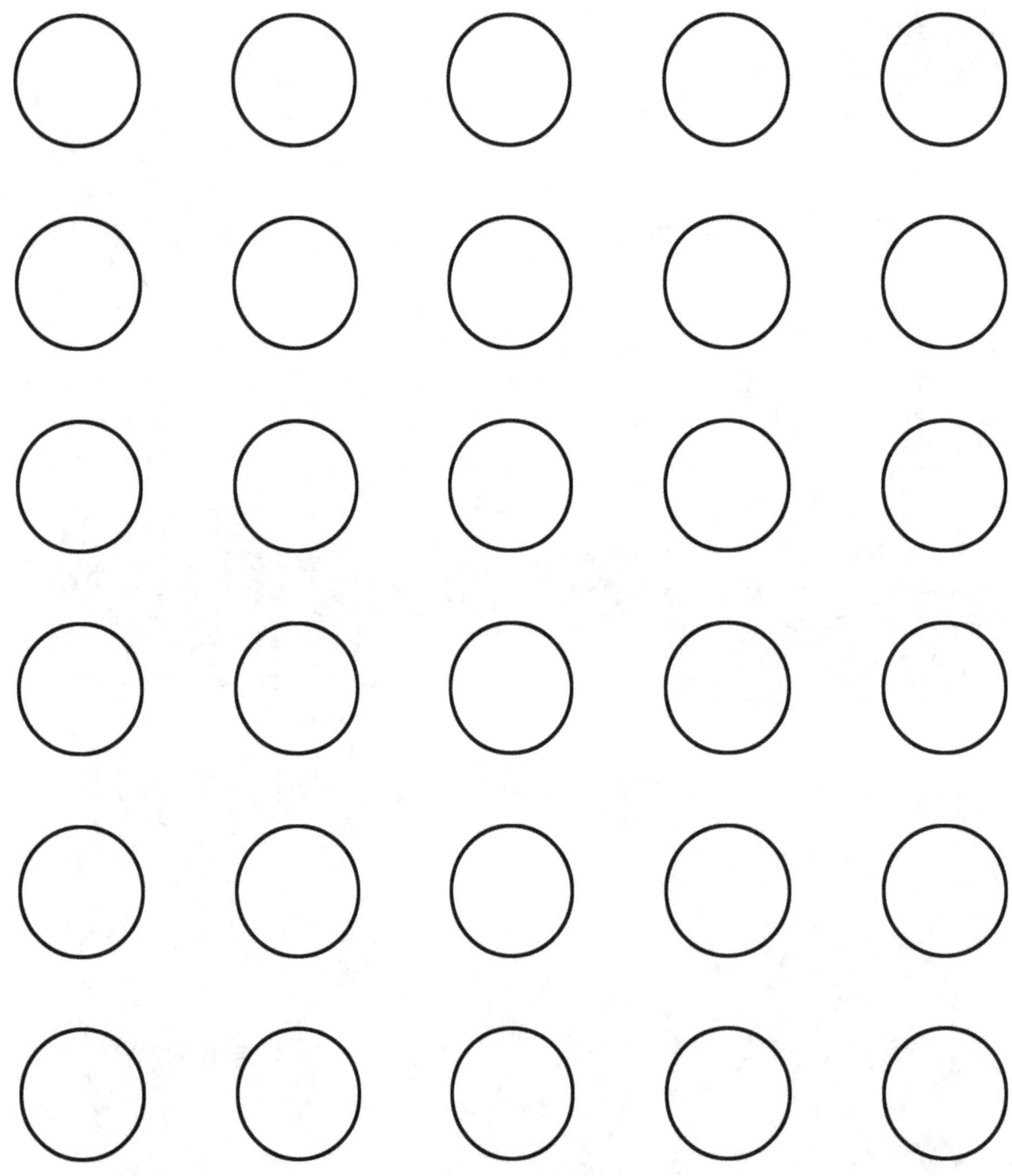

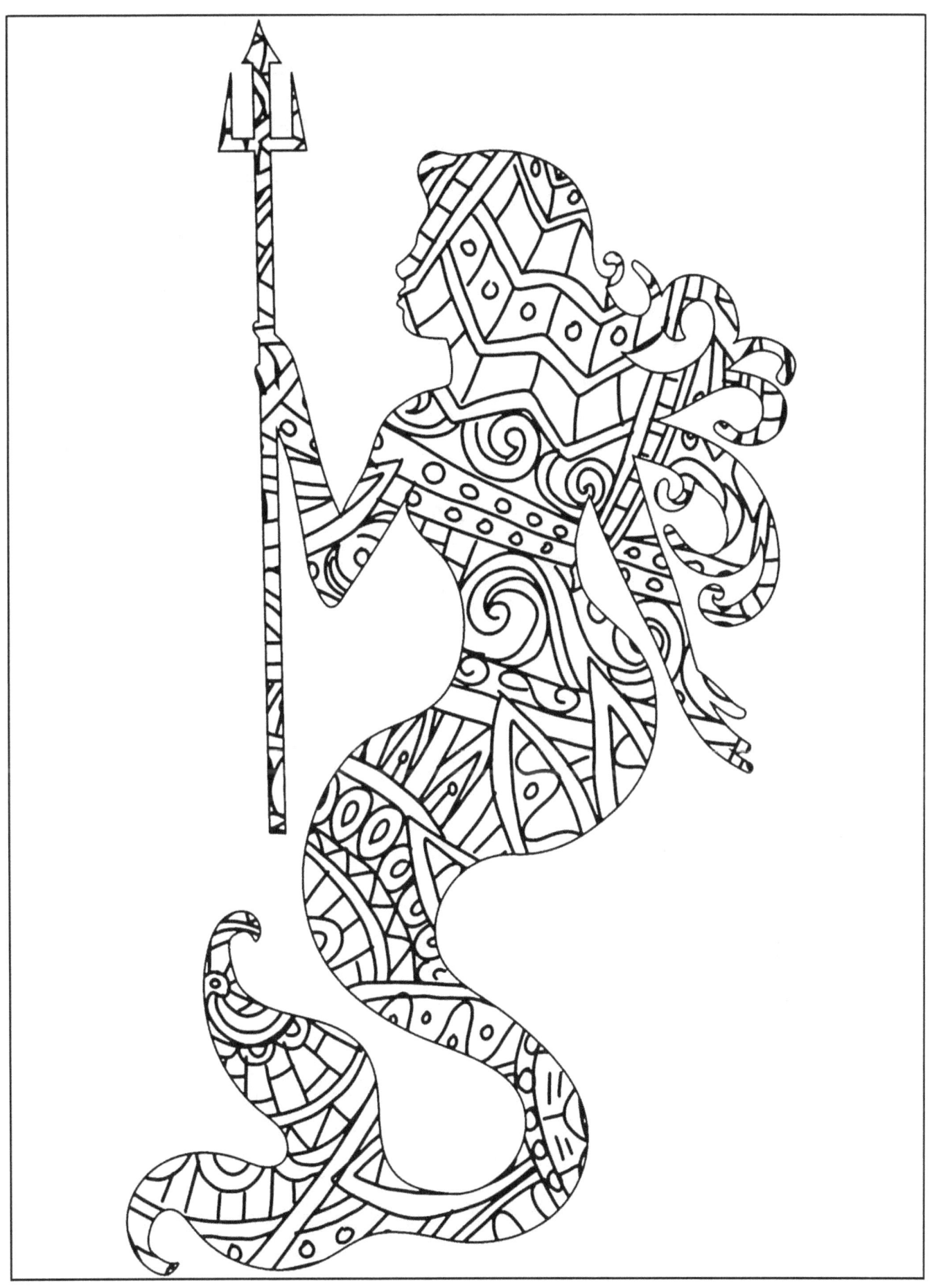

Test Your Color

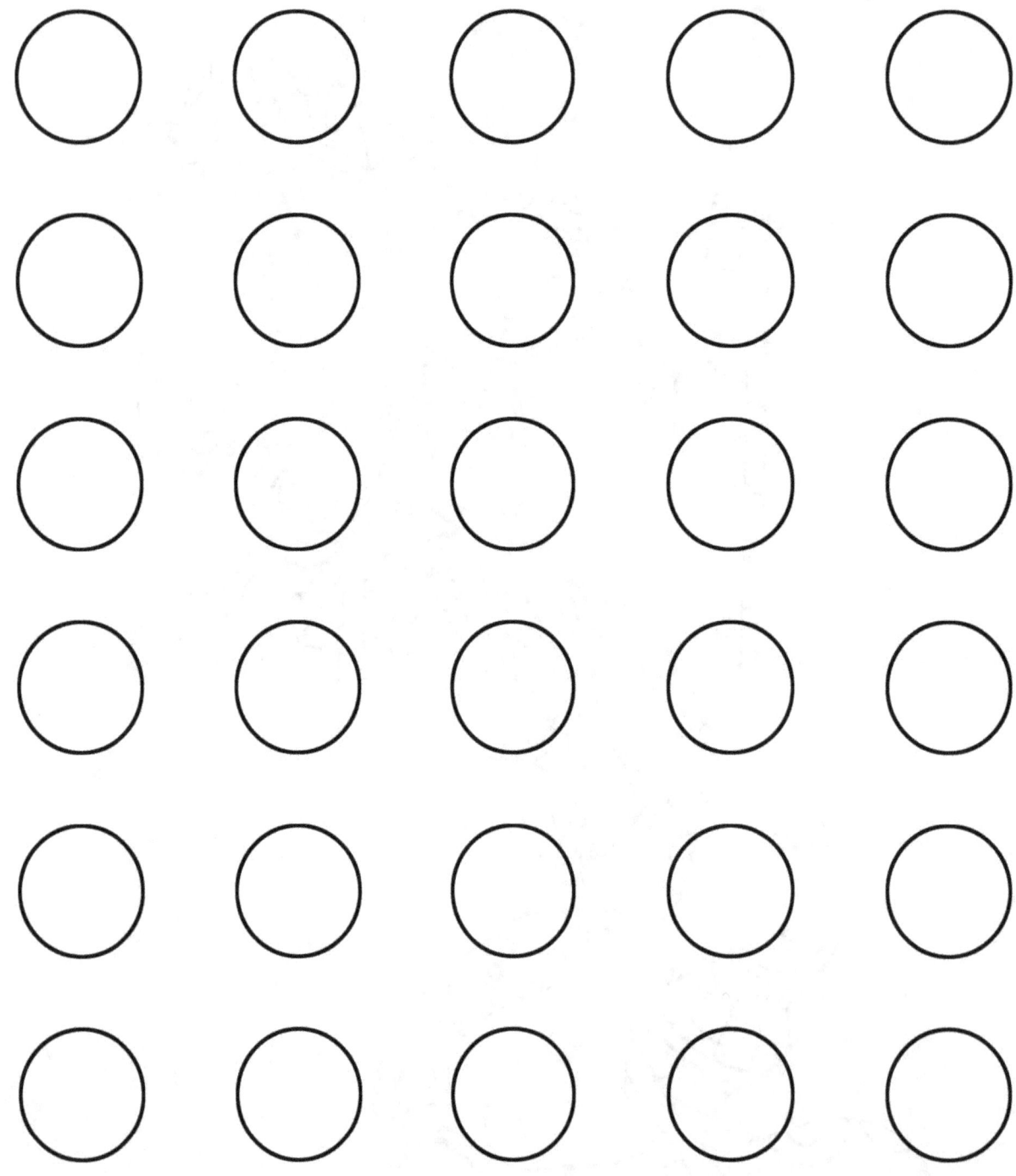

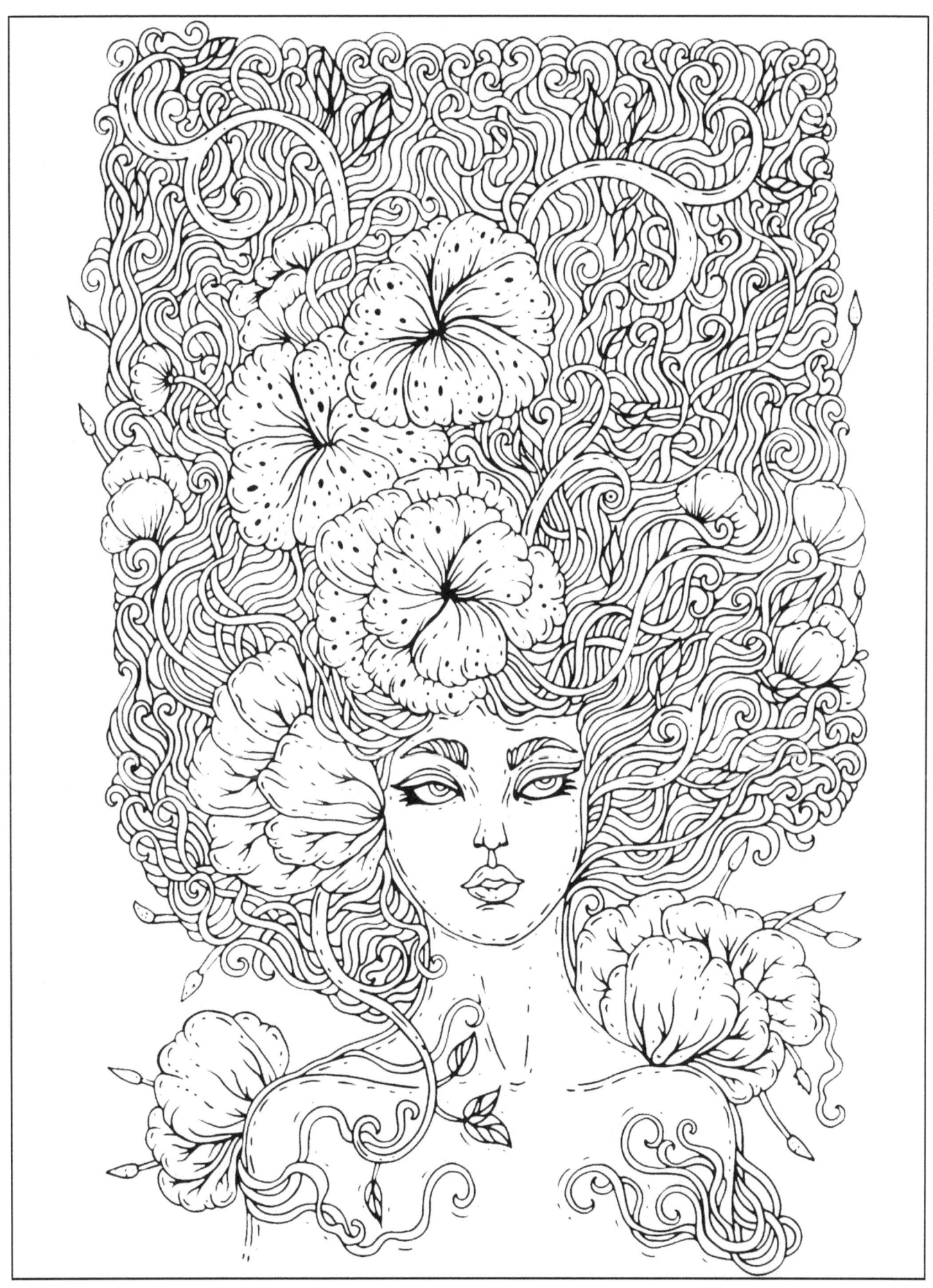

Test Your Color

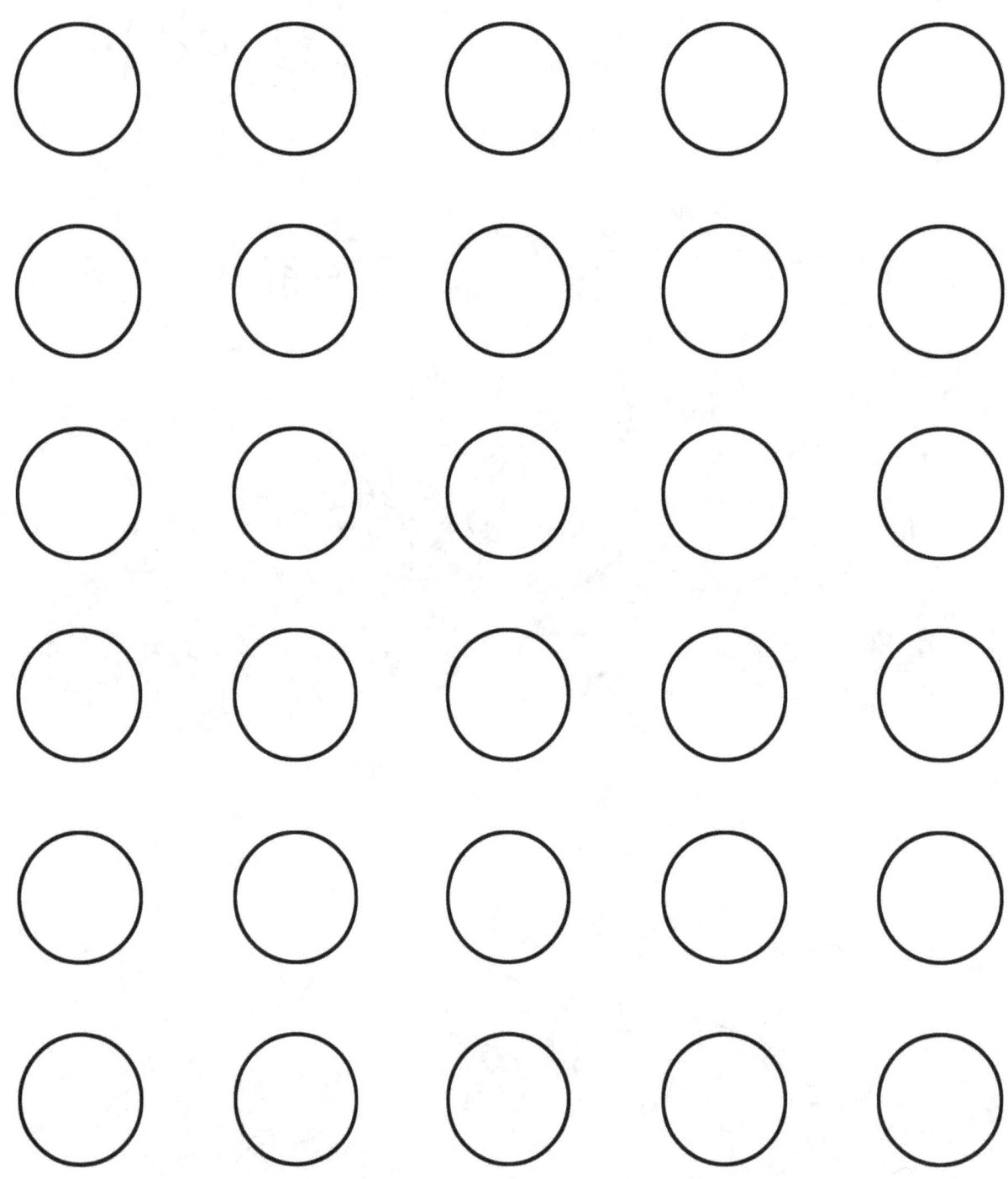

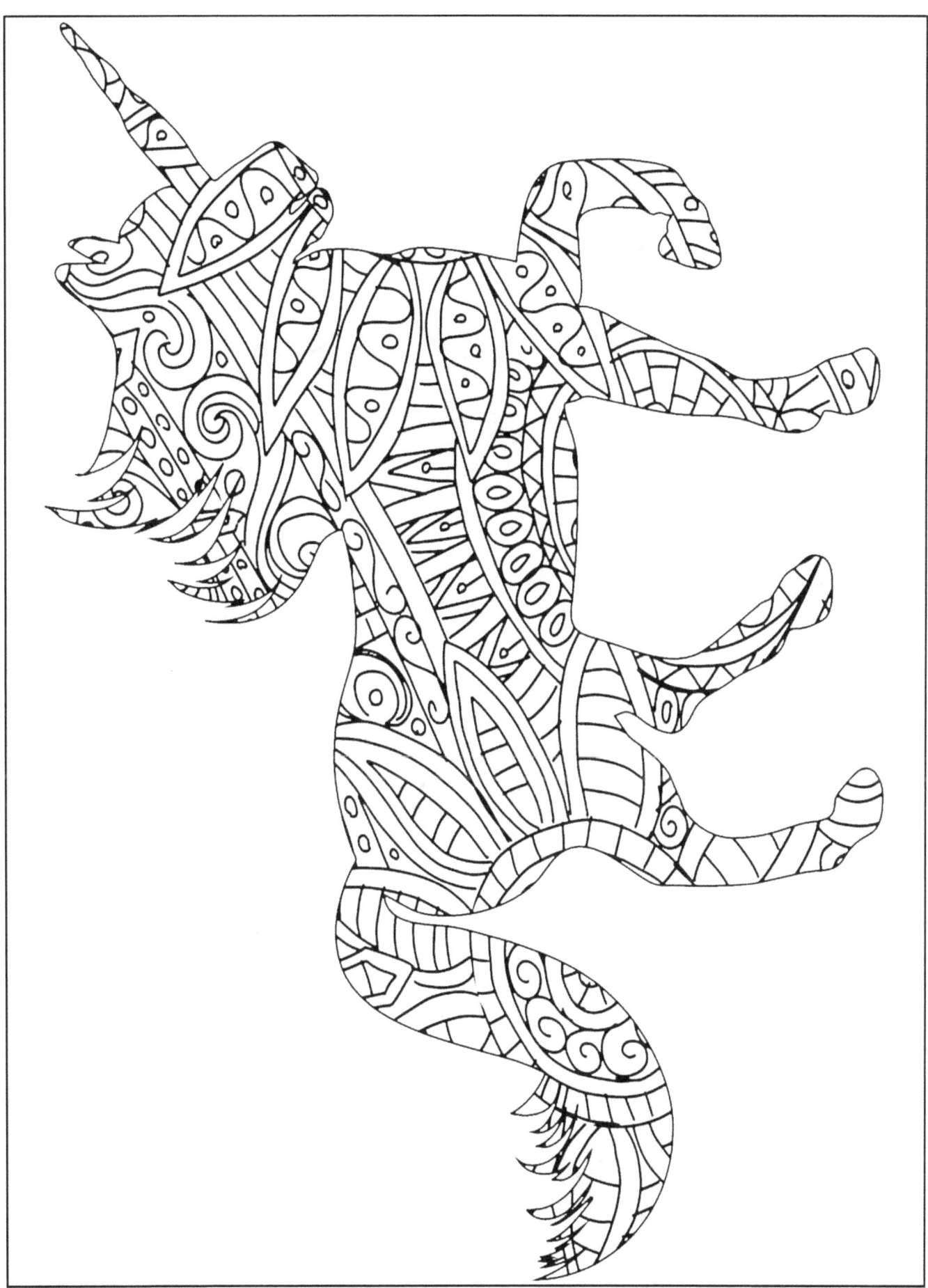

Test Your Color

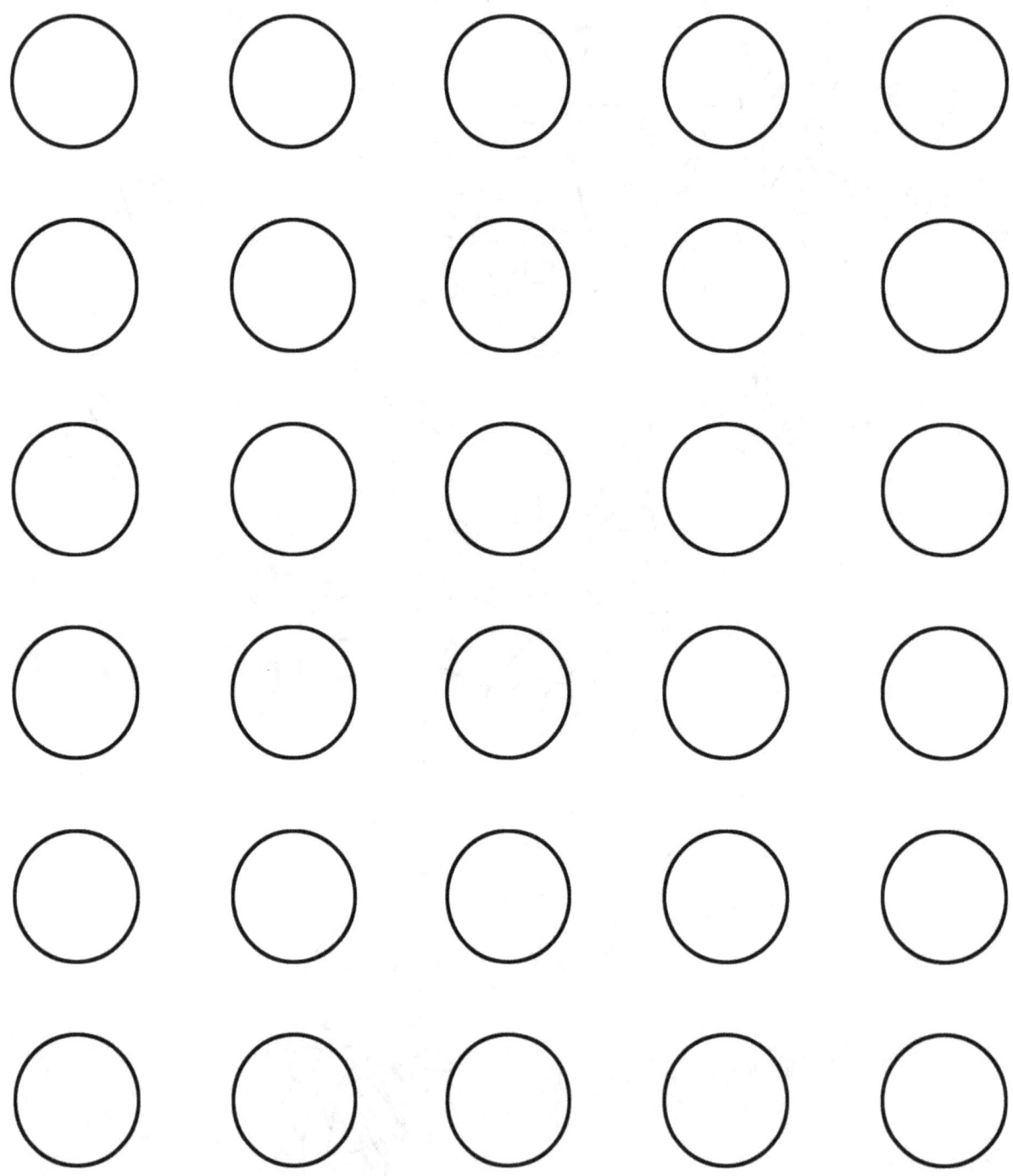

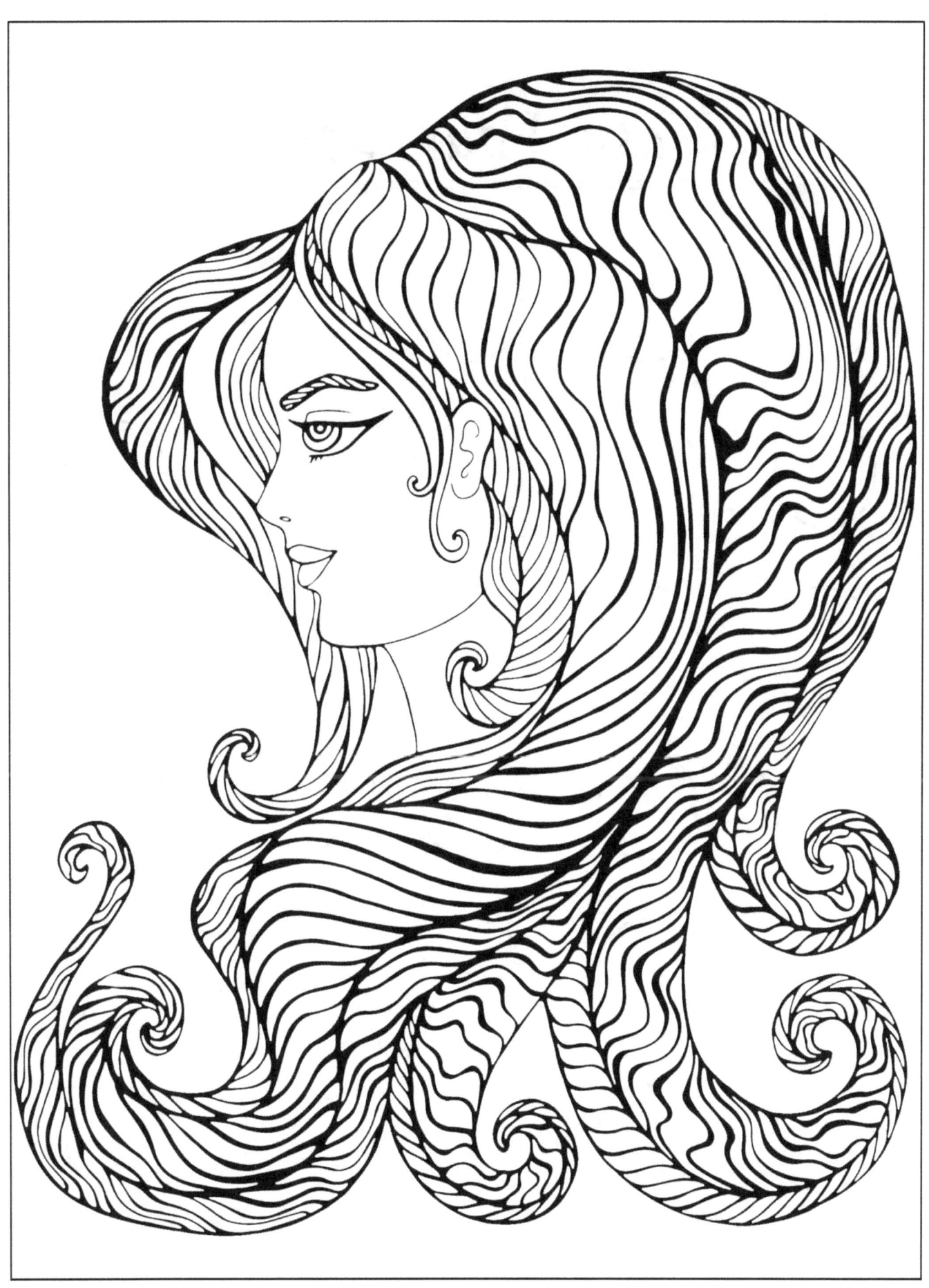

Test Your Color

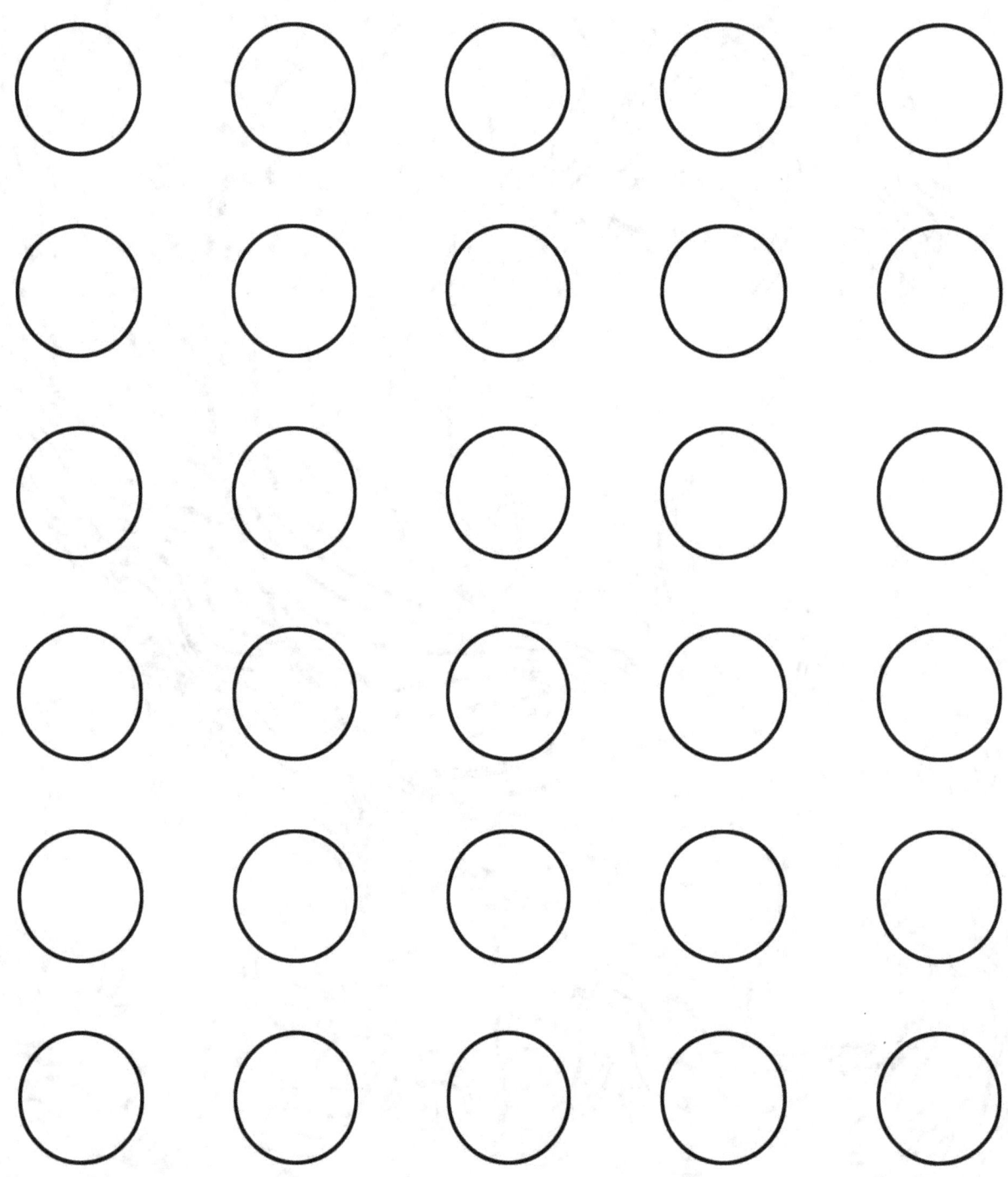

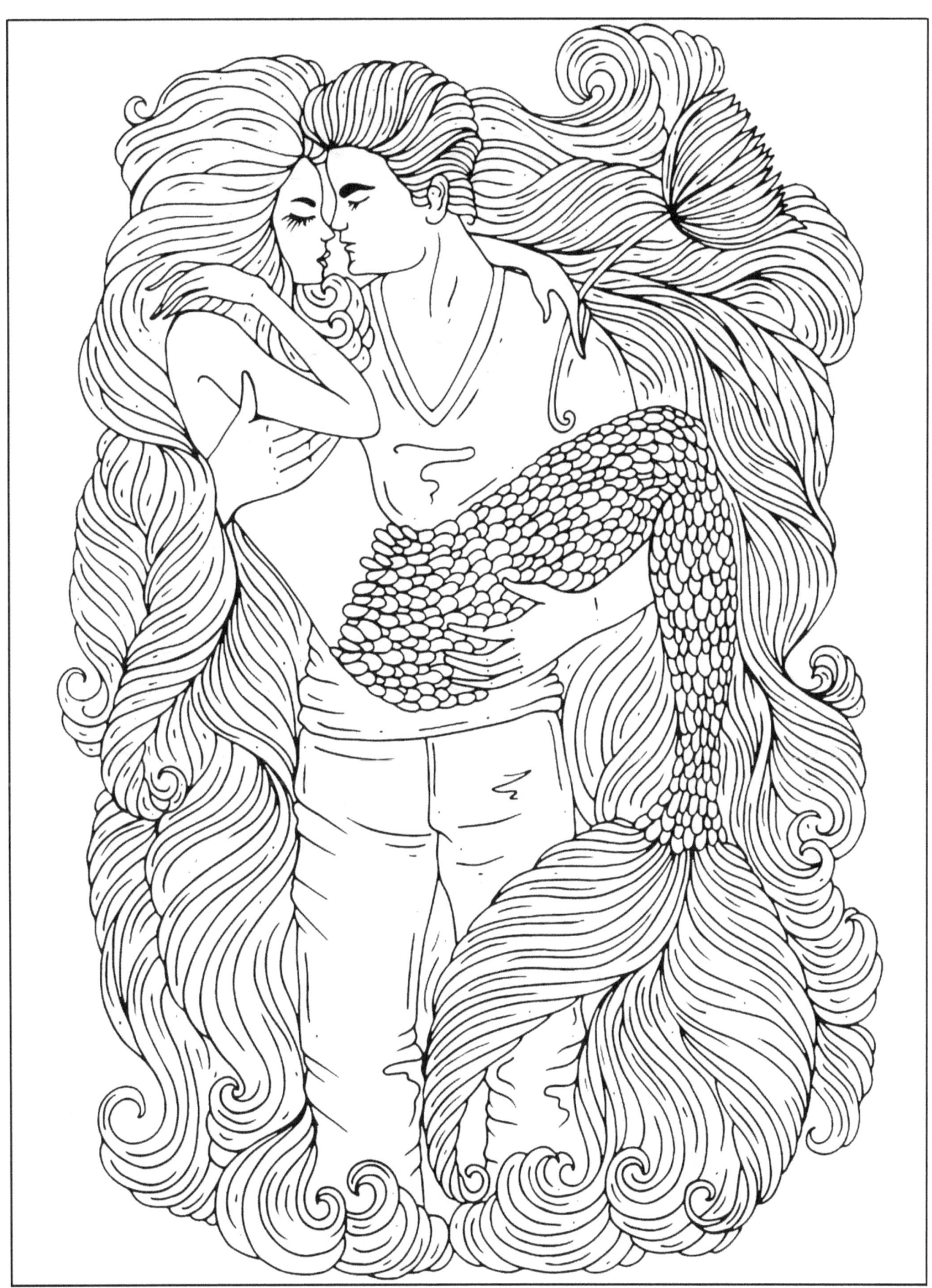

Test Your Color

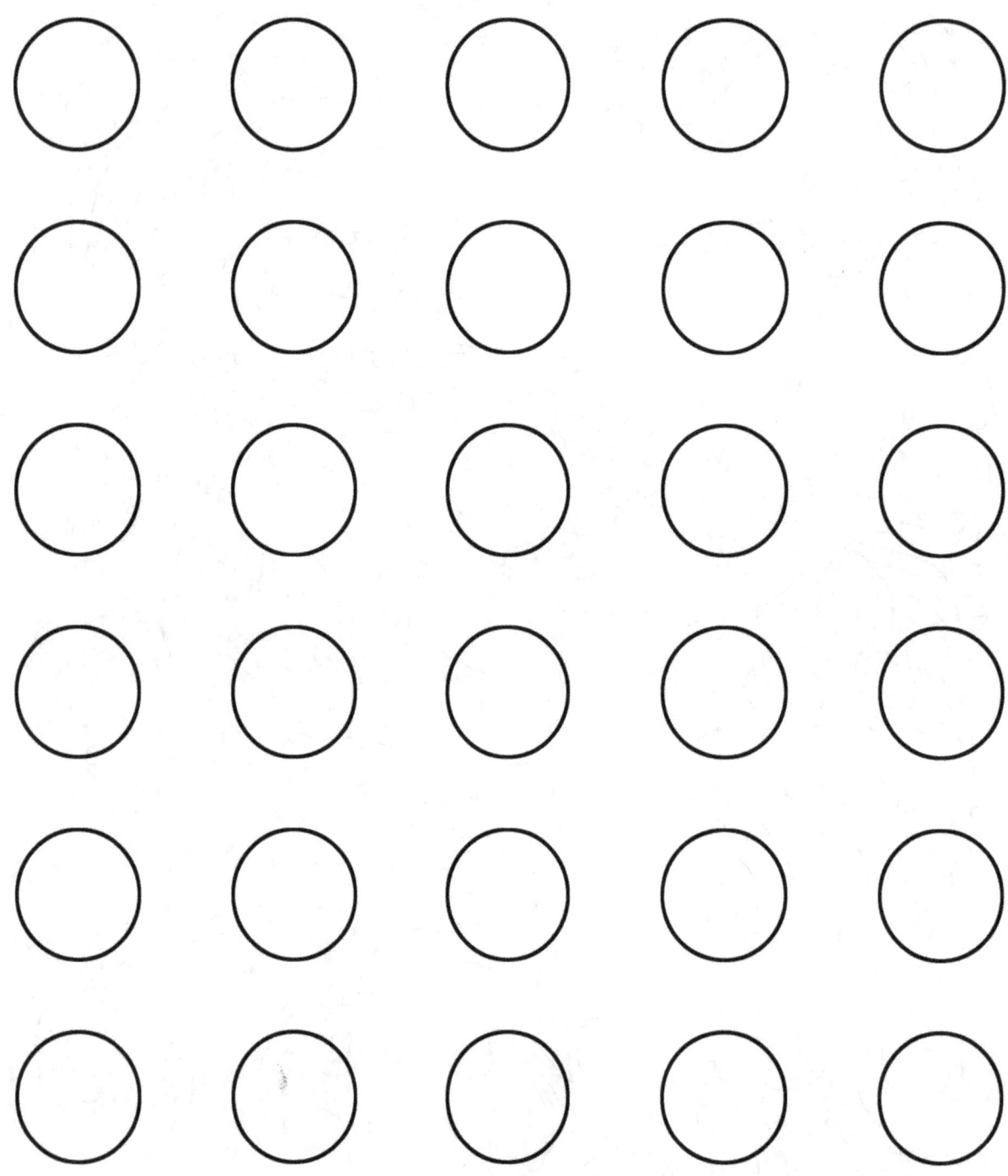

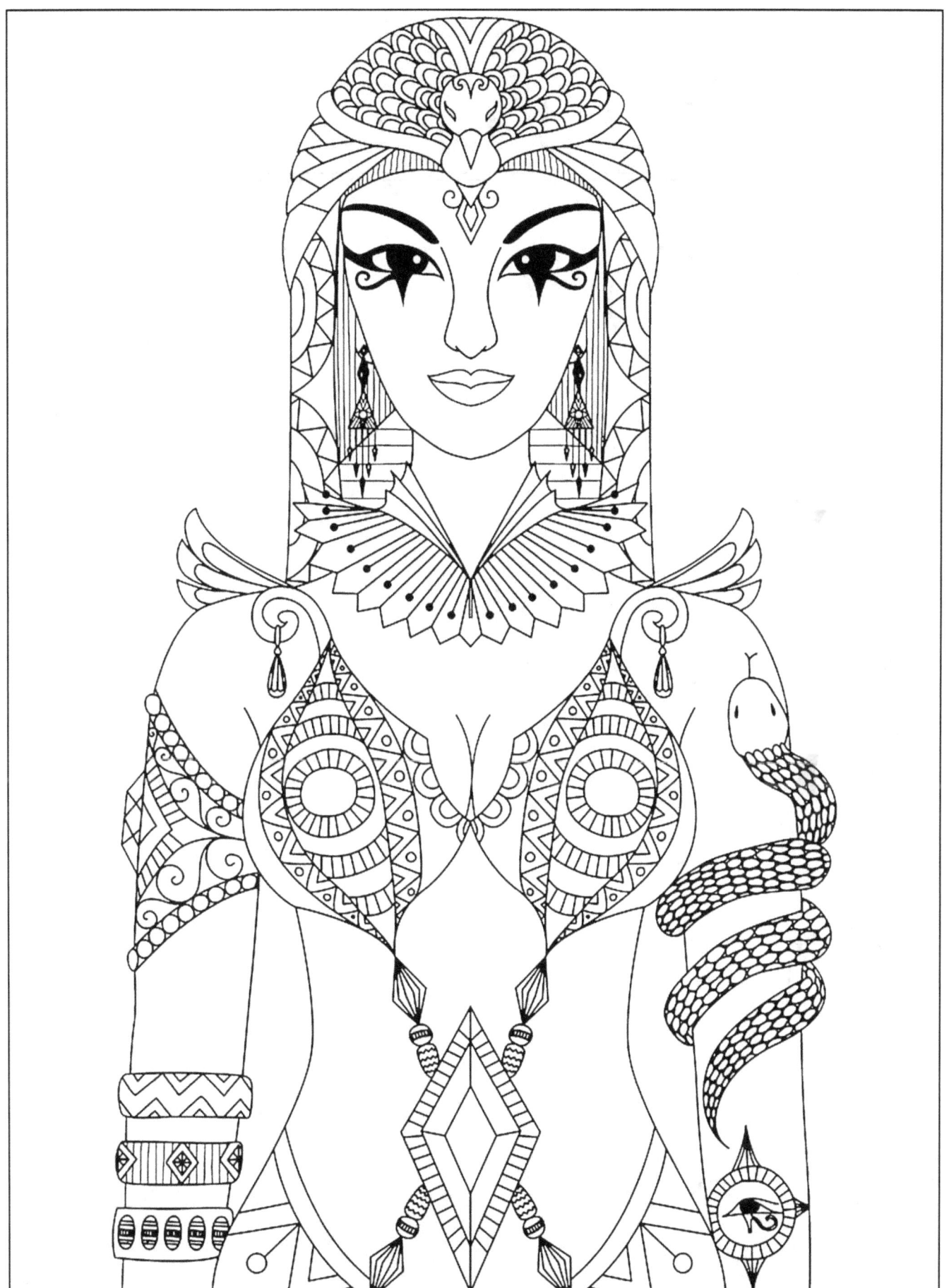

Test Your Color

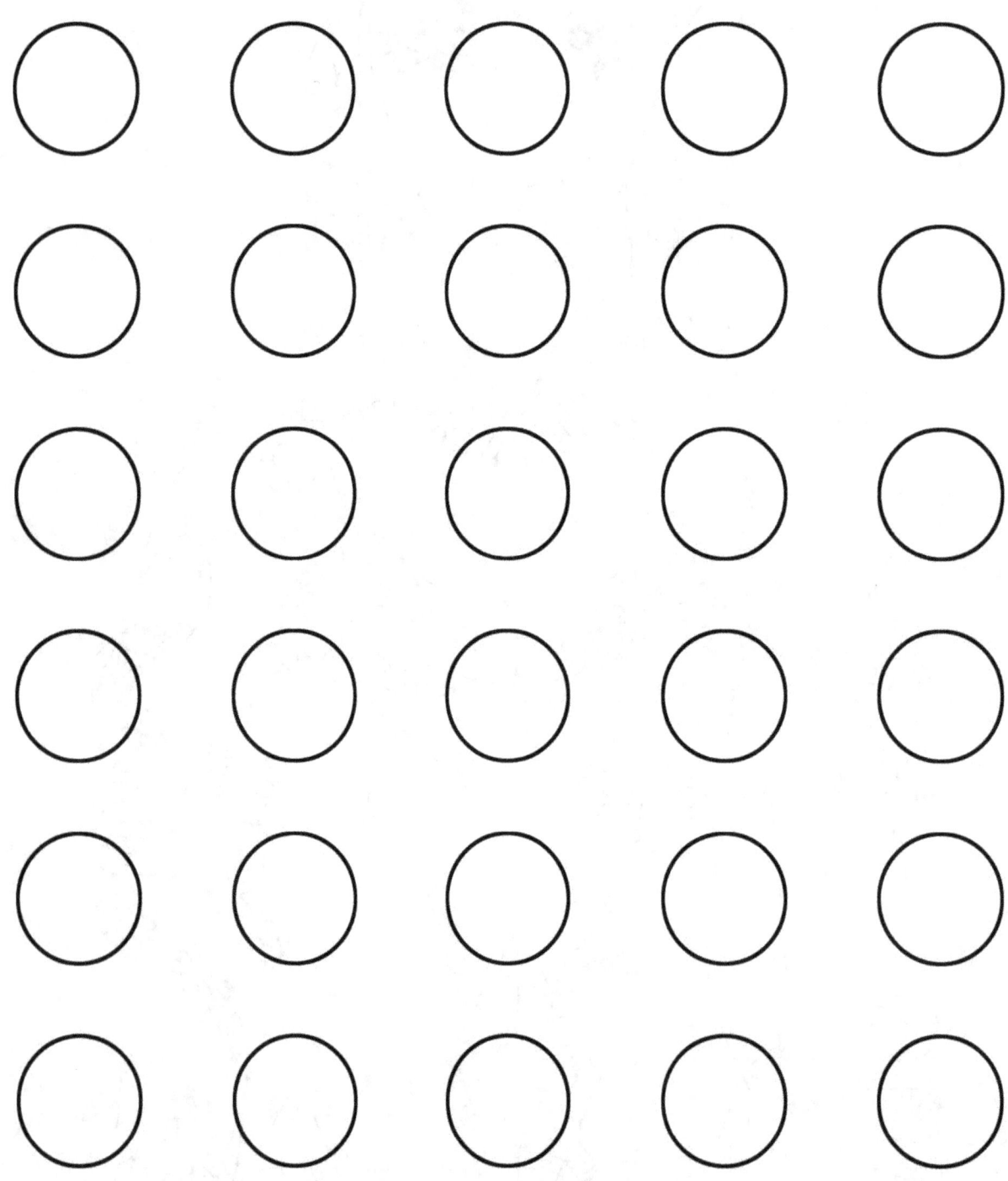

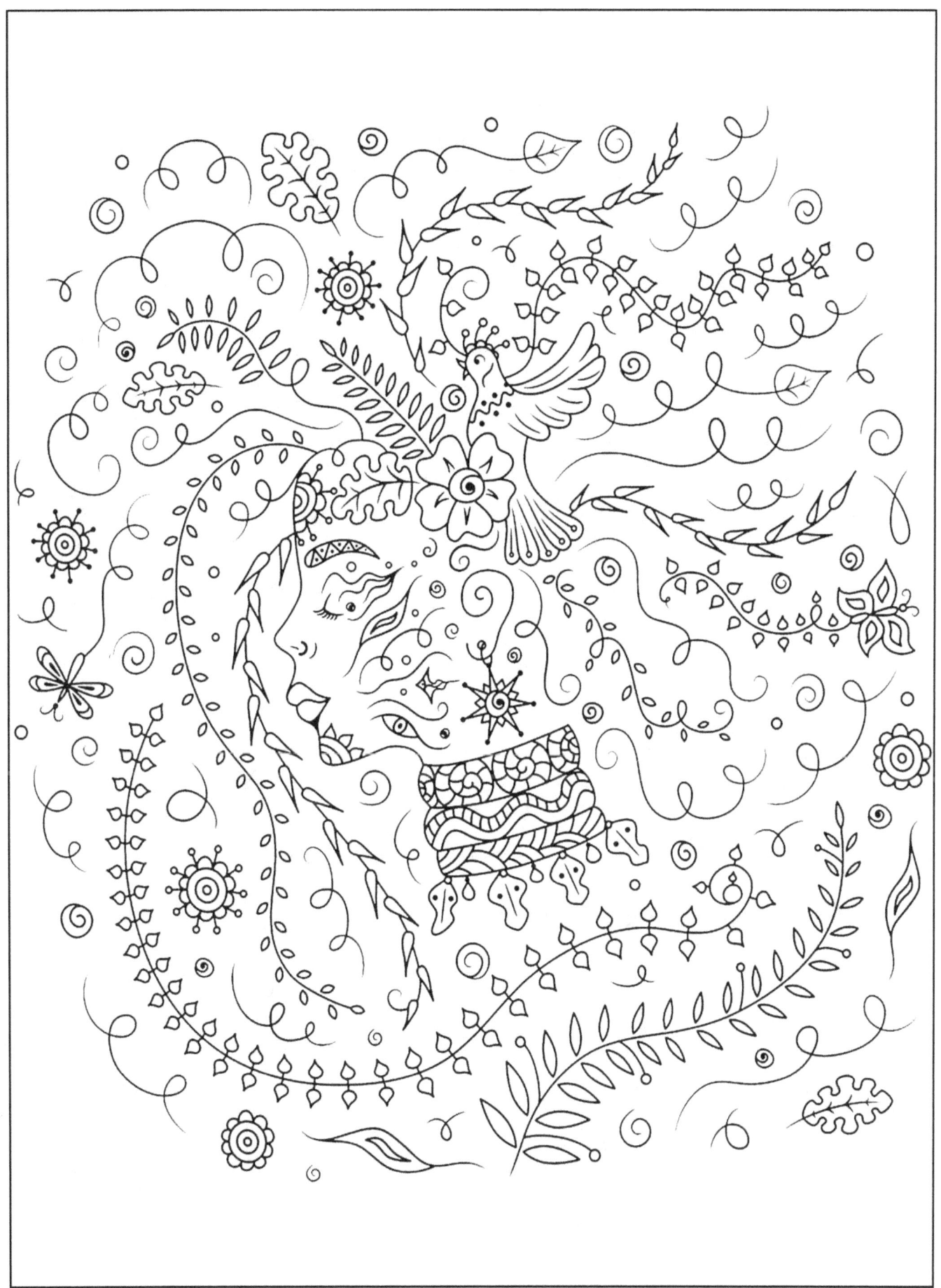

Test Your Color

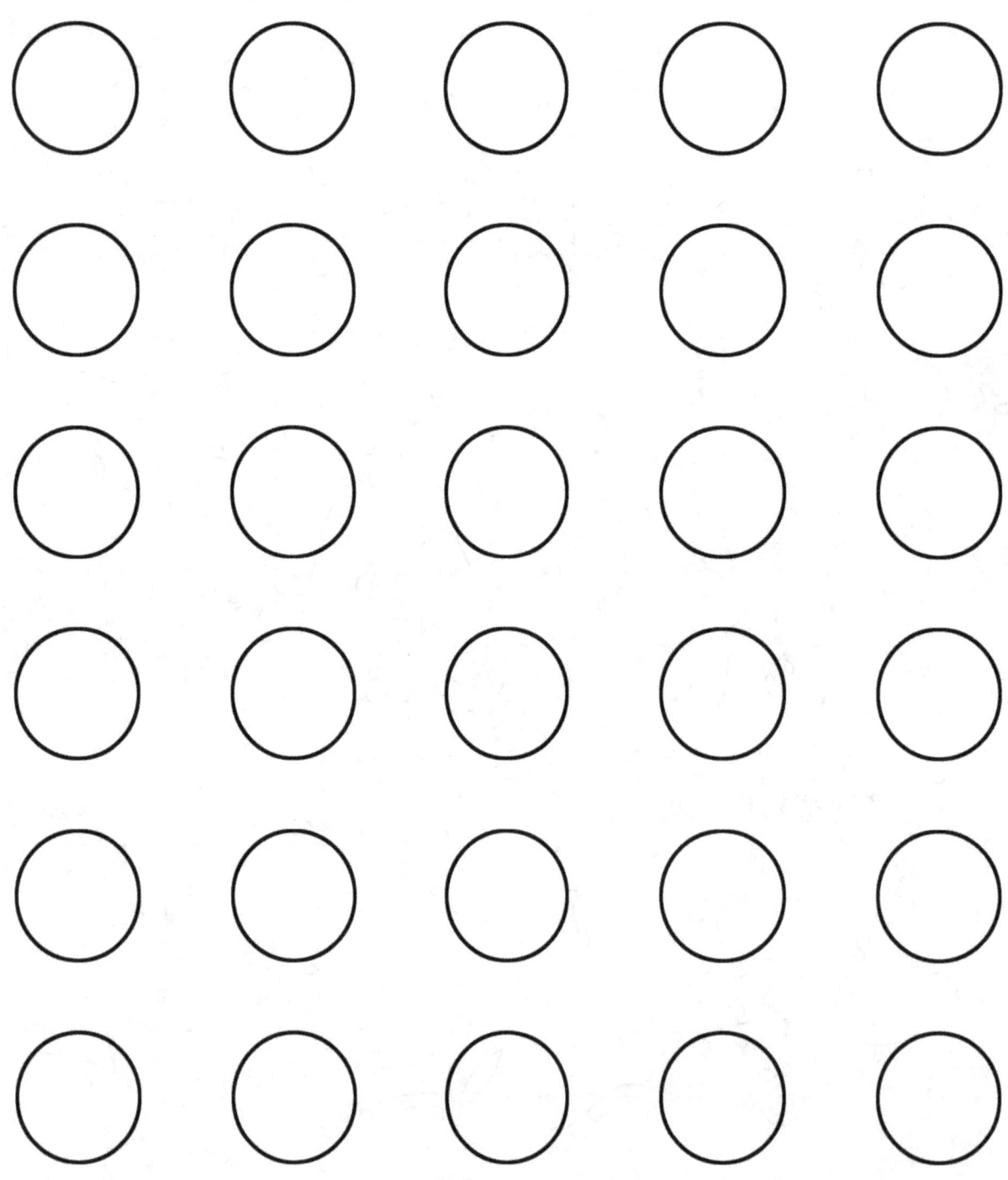

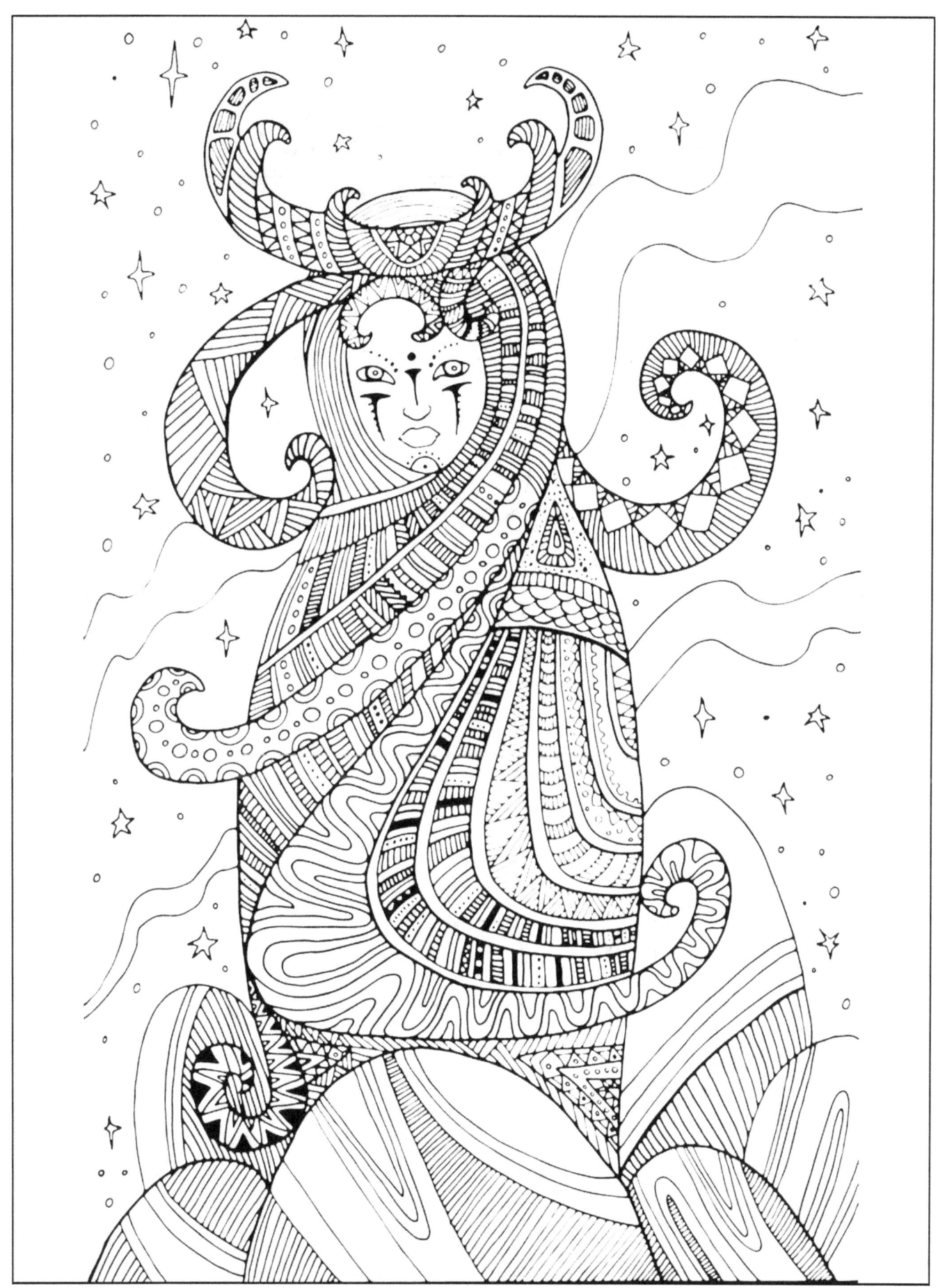

Test Your Color

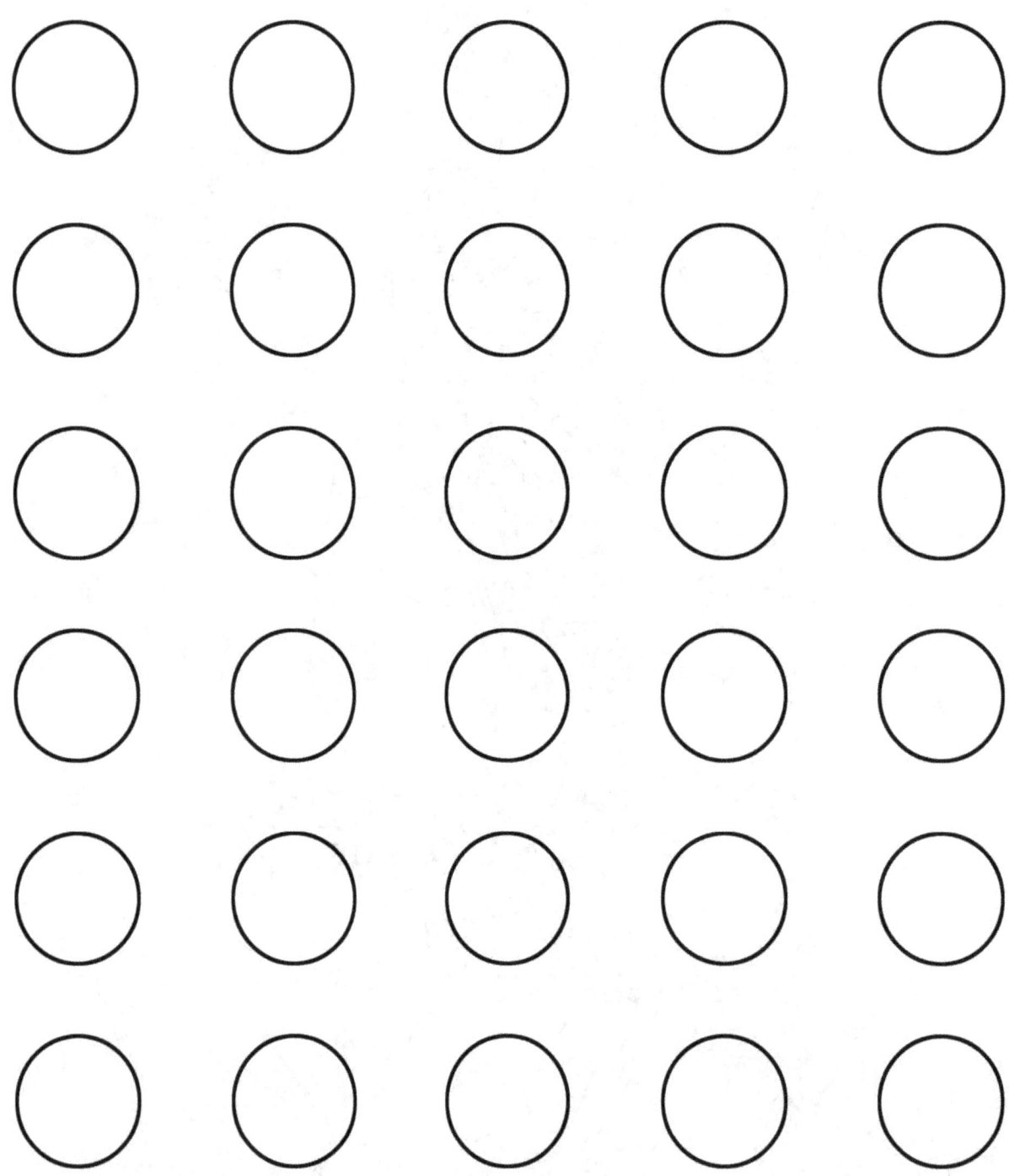

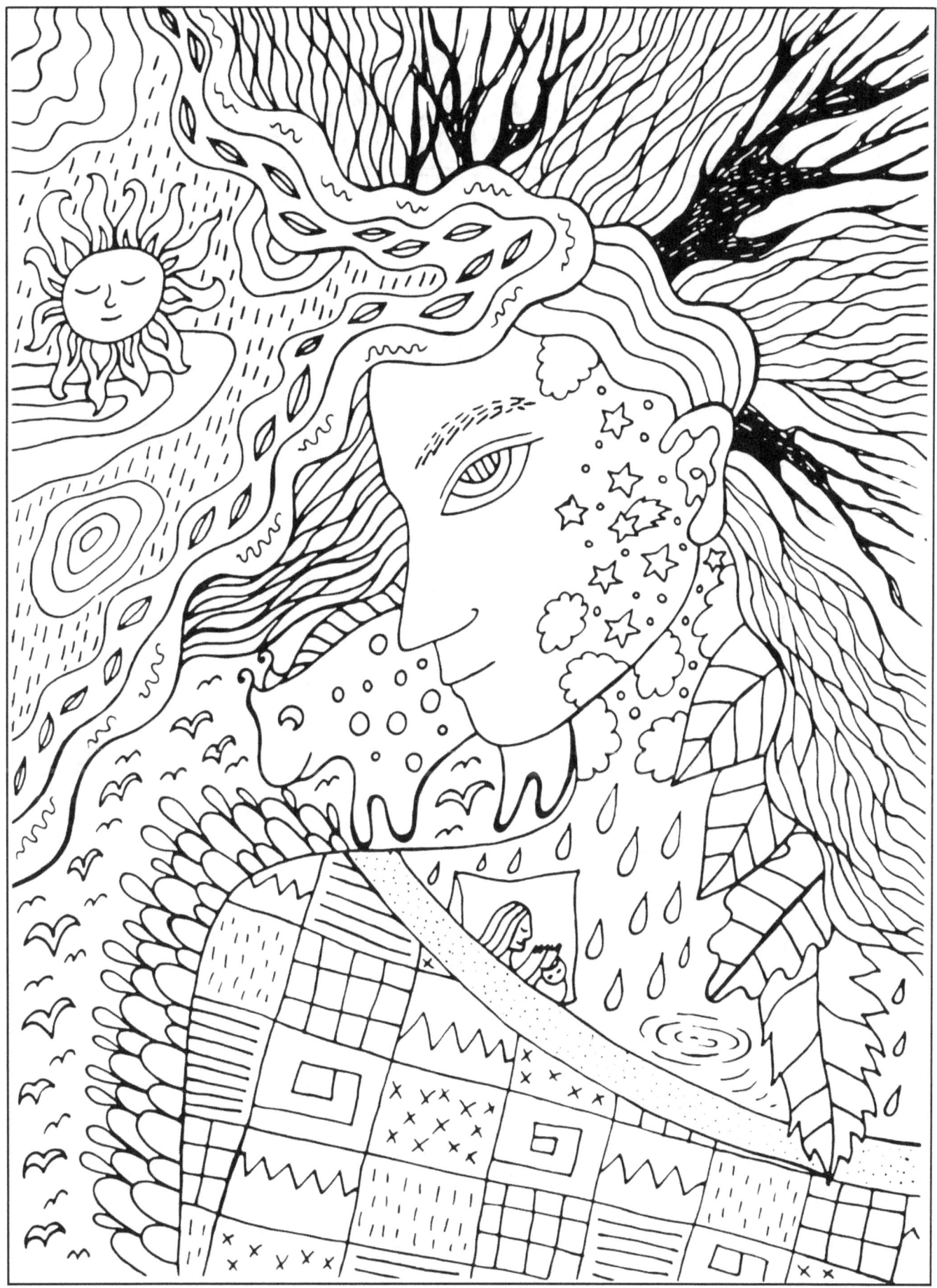

Test Your Color

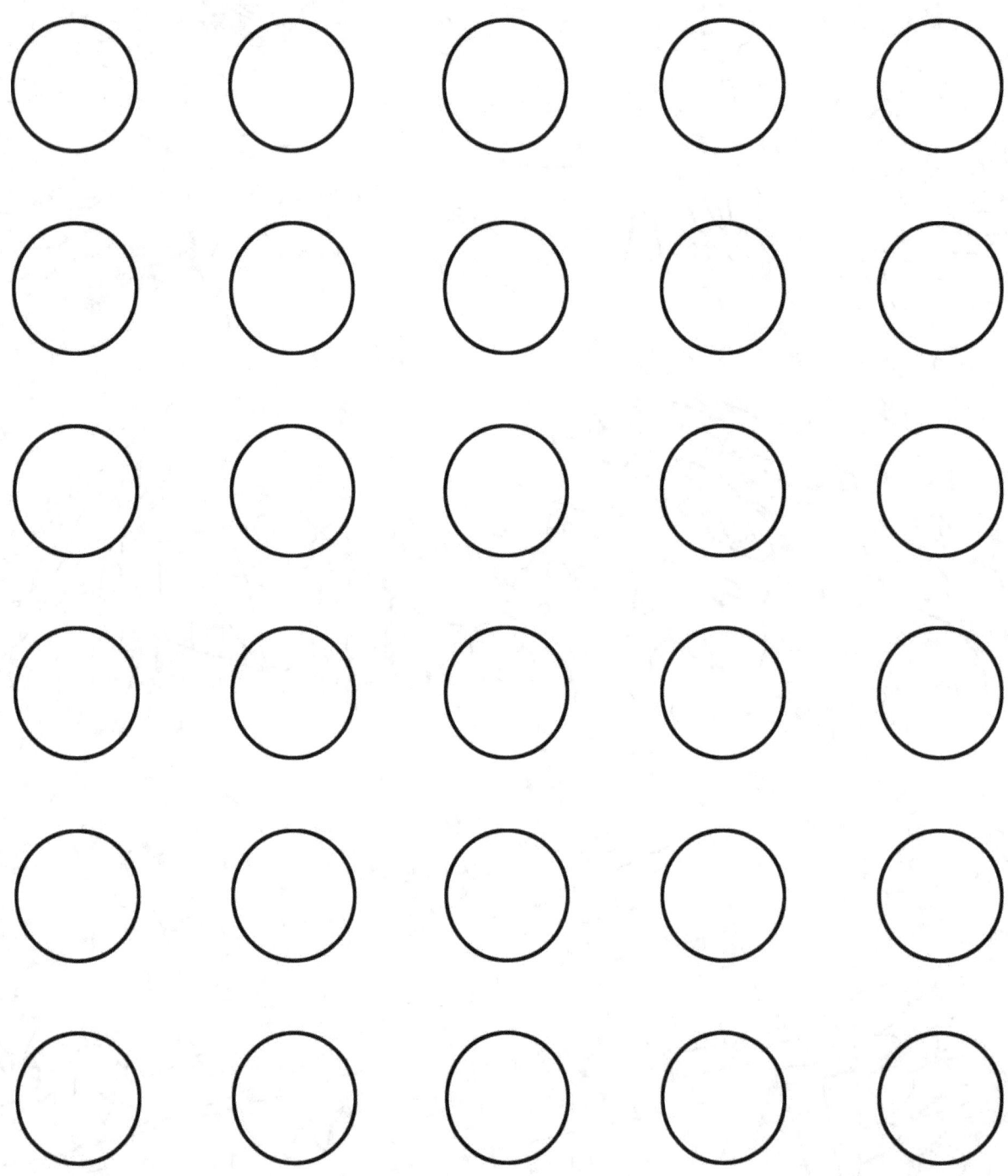

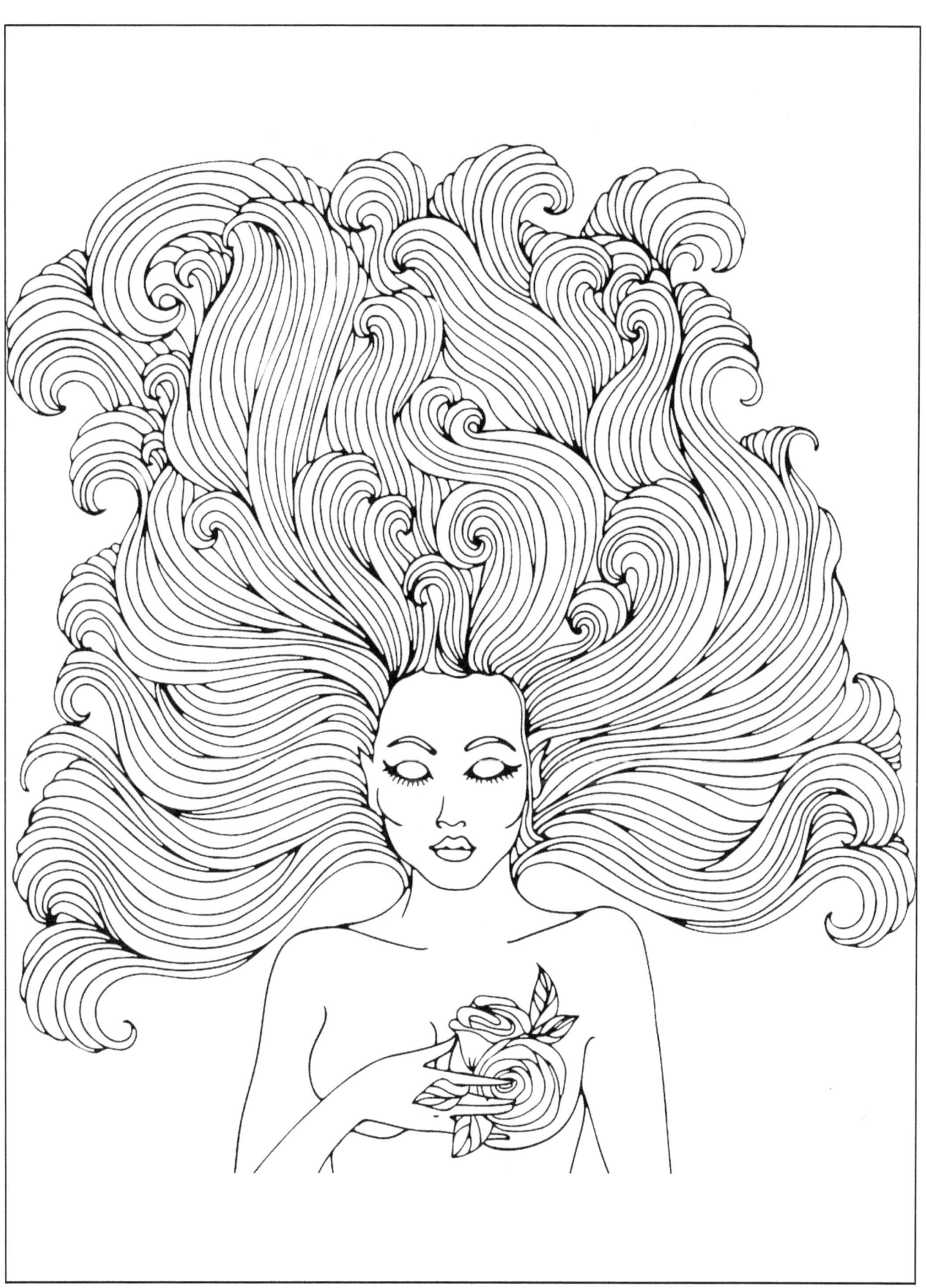

Test Your Color

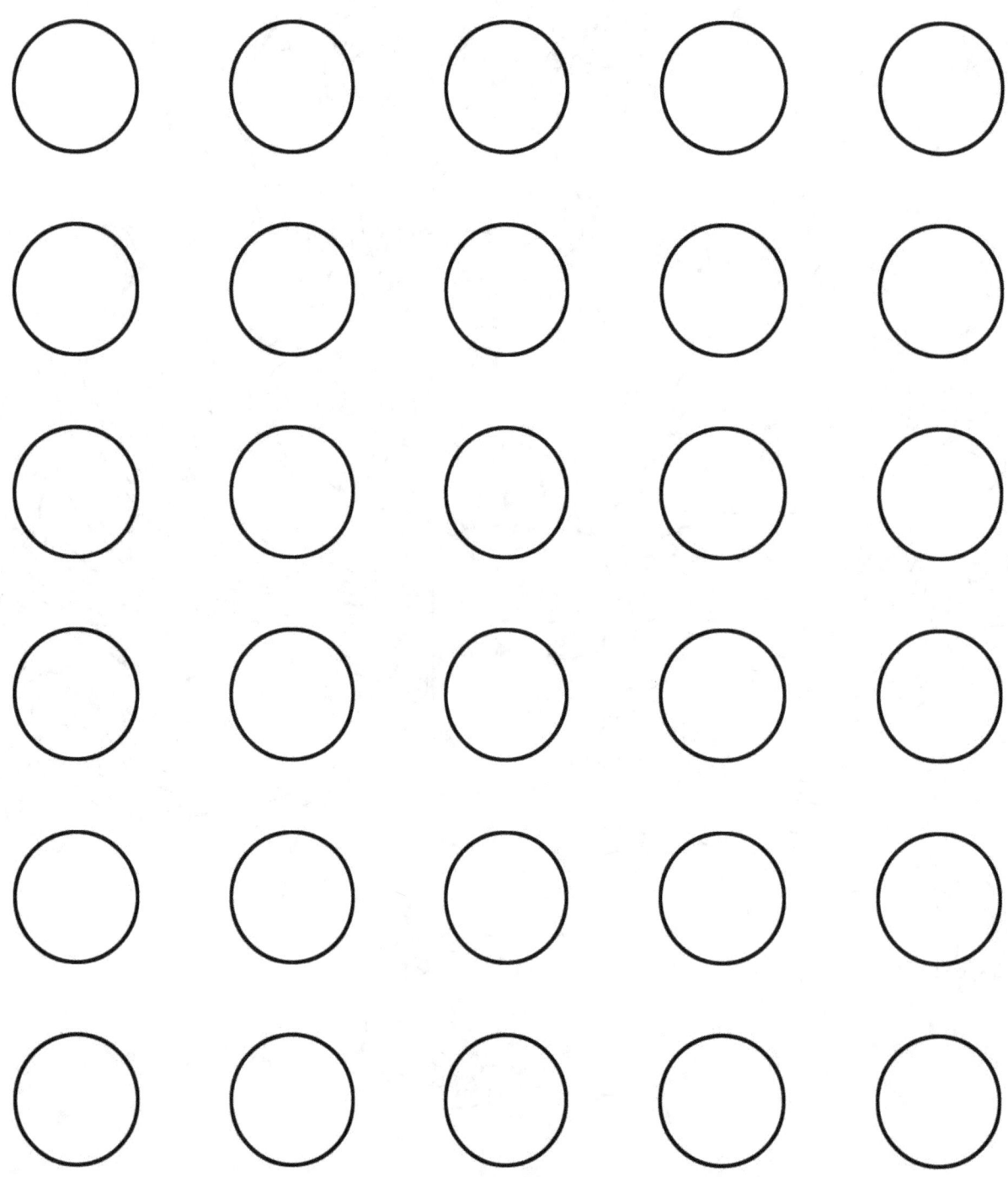

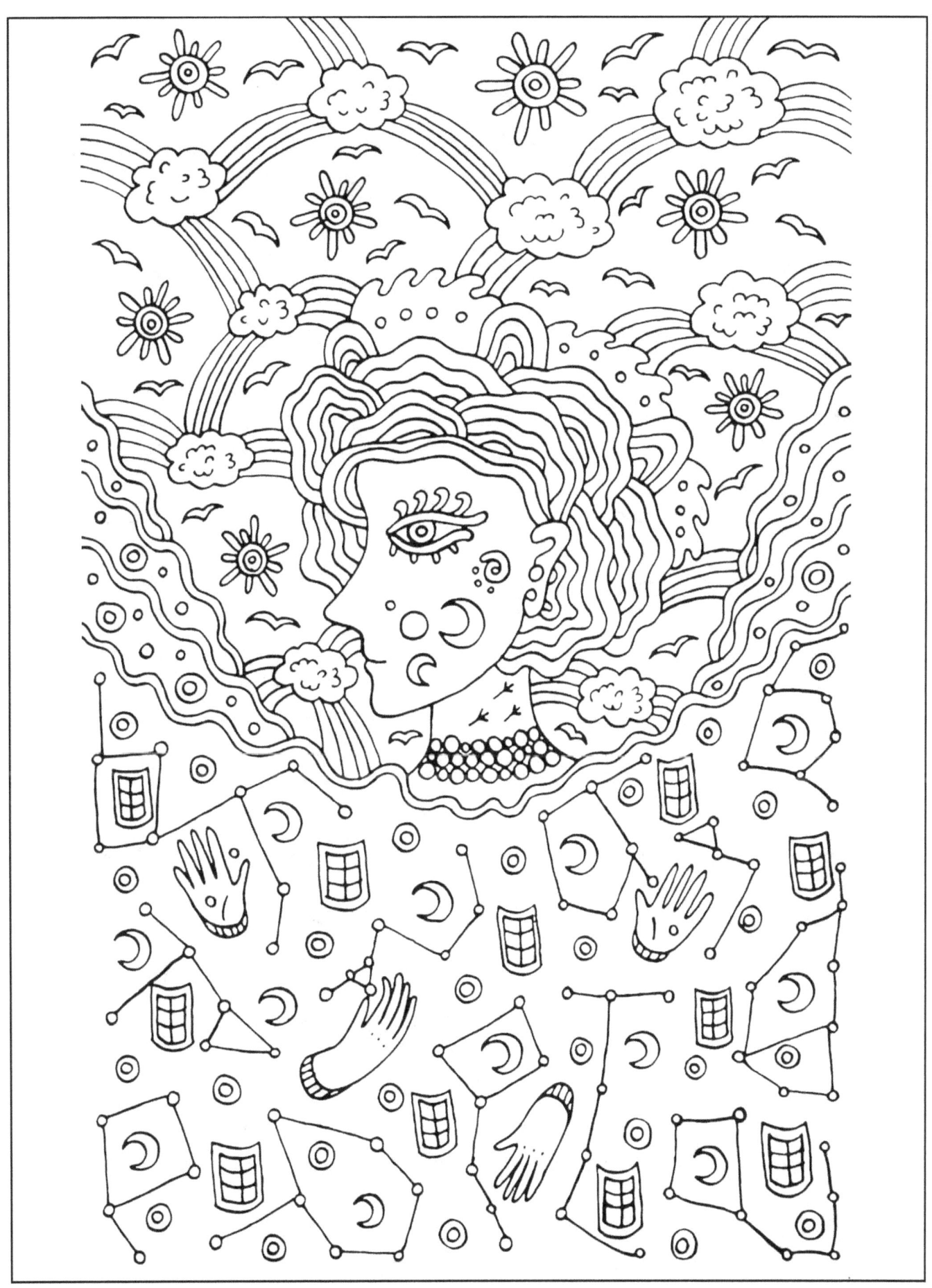

Test Your Color

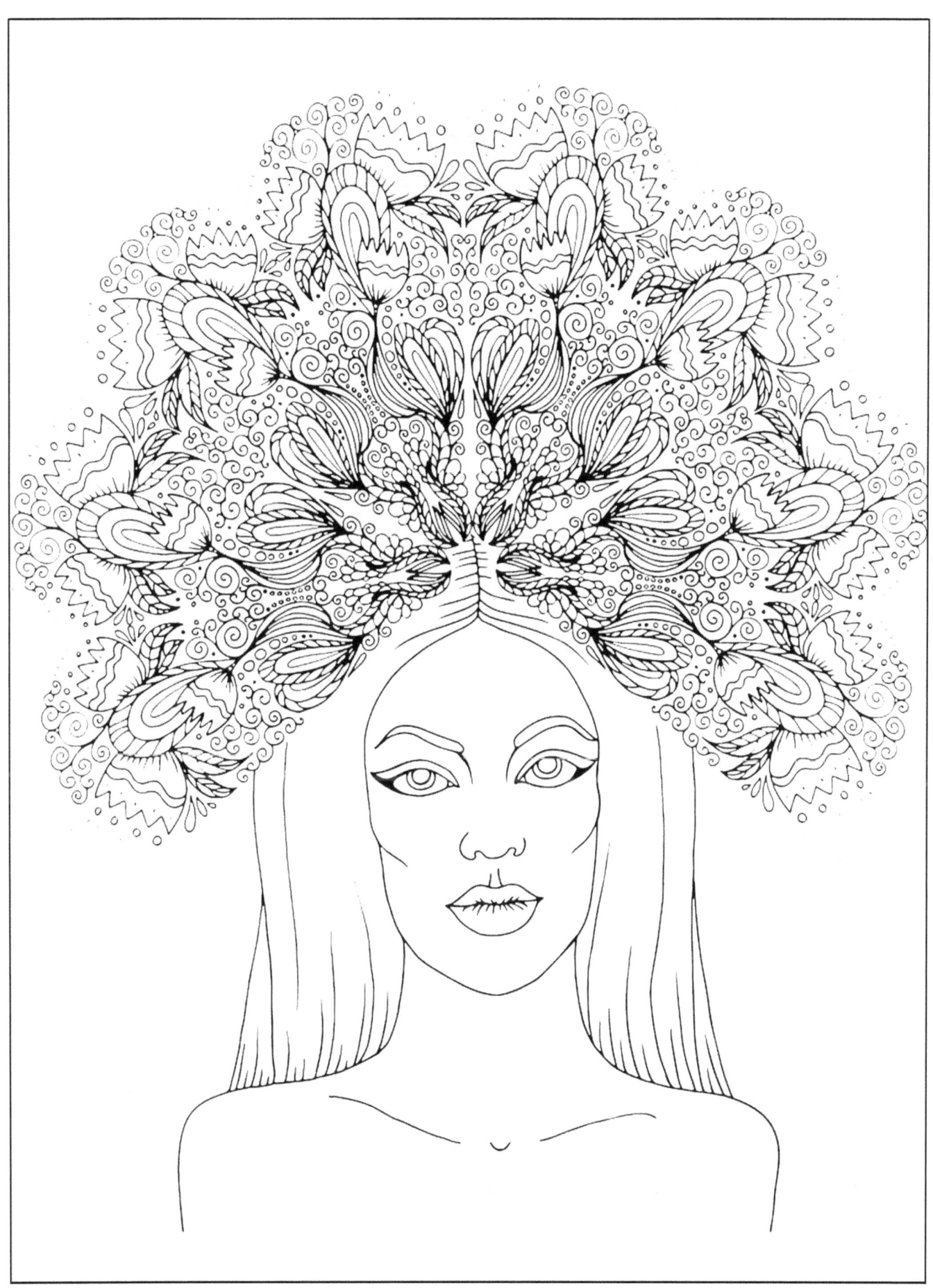

Test Your Color

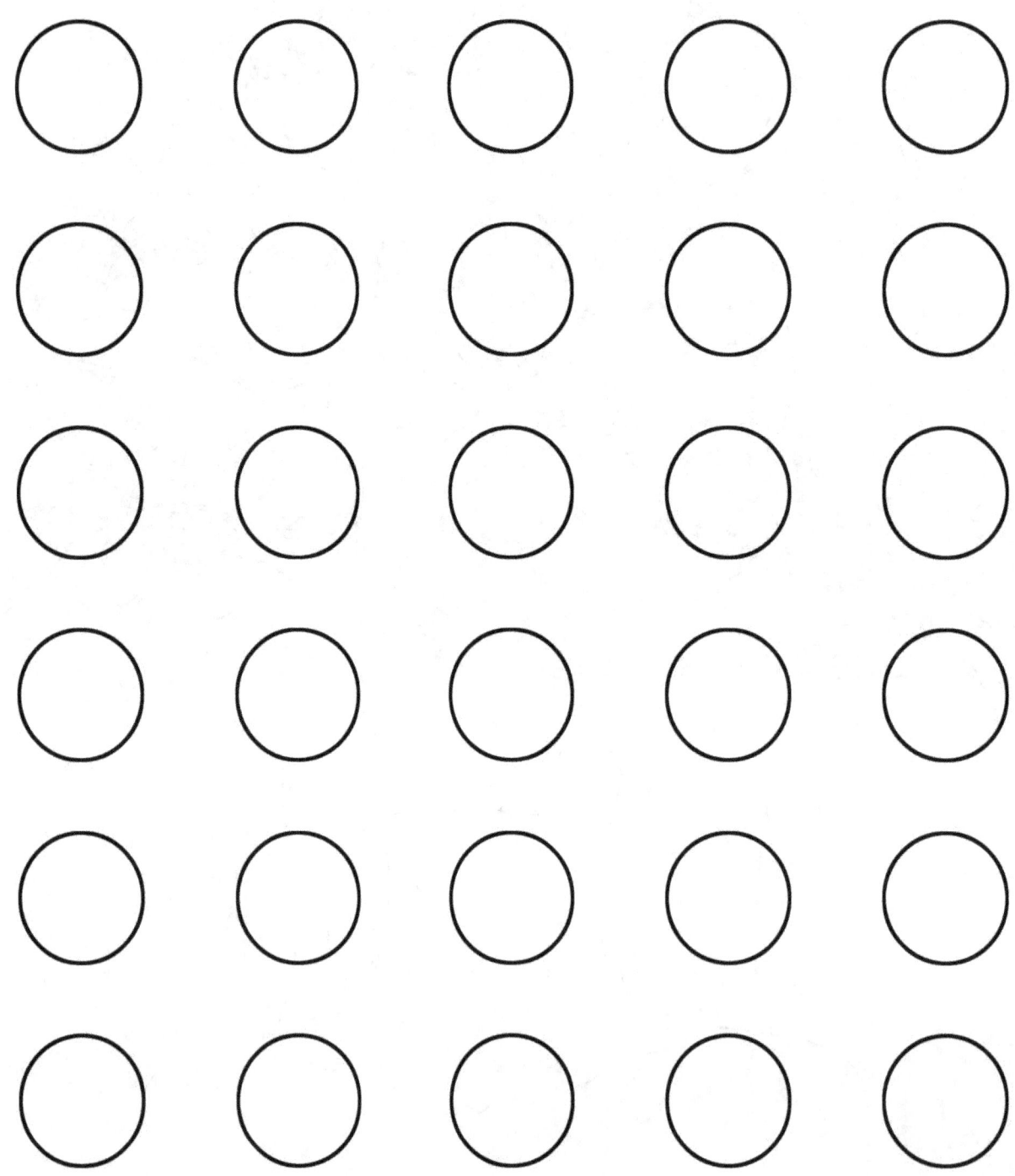

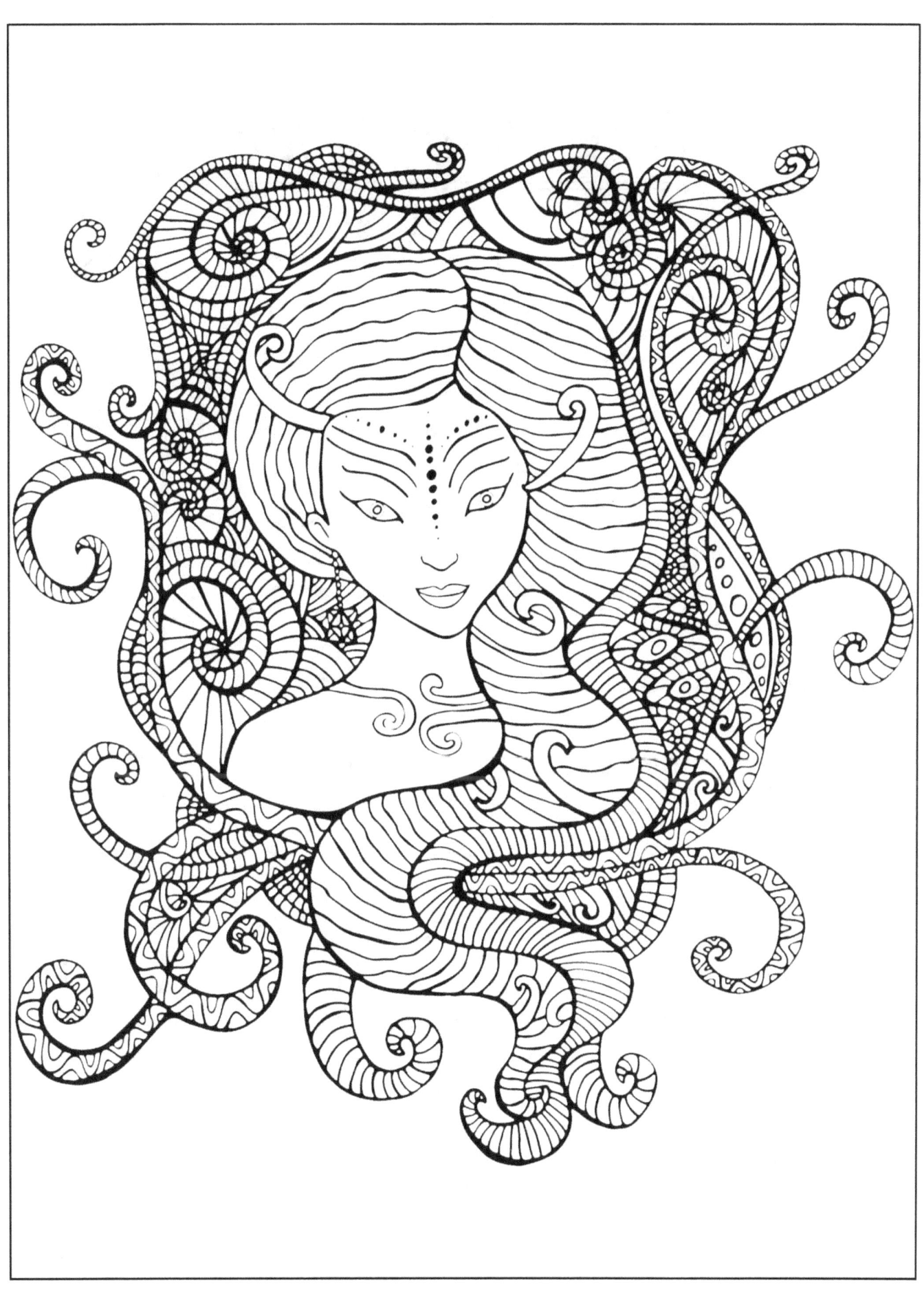

Test Your Color

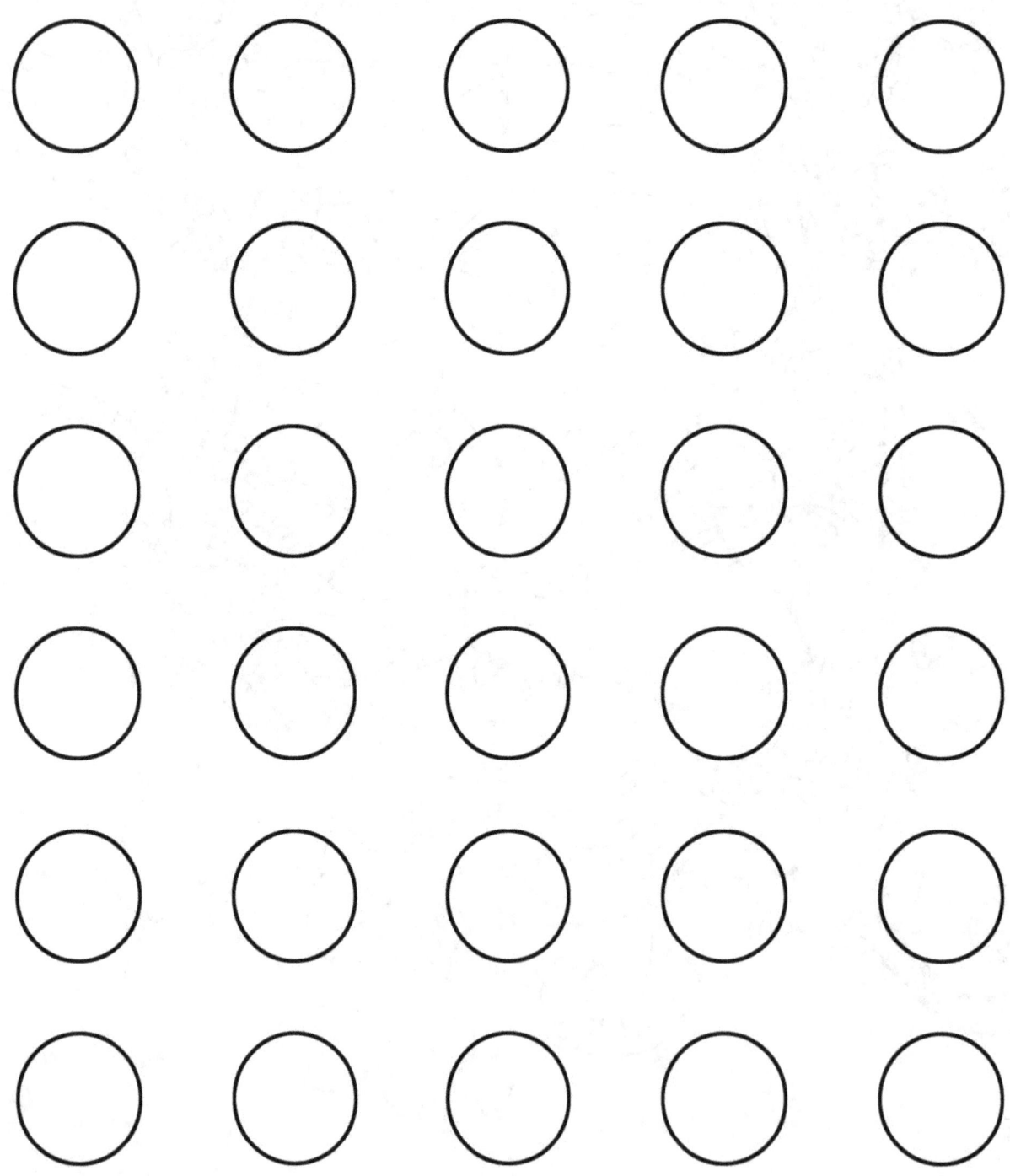

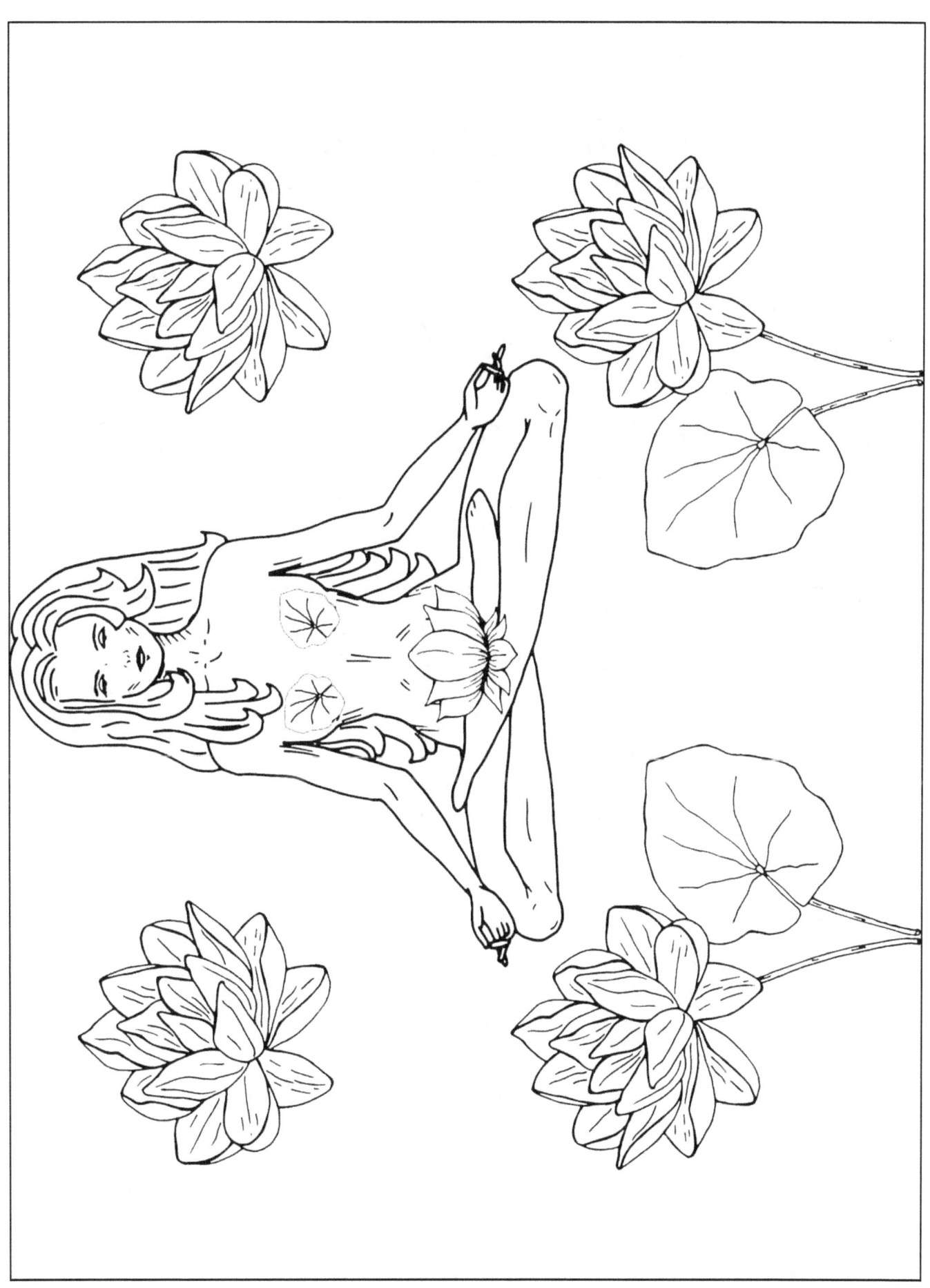

Test Your Color

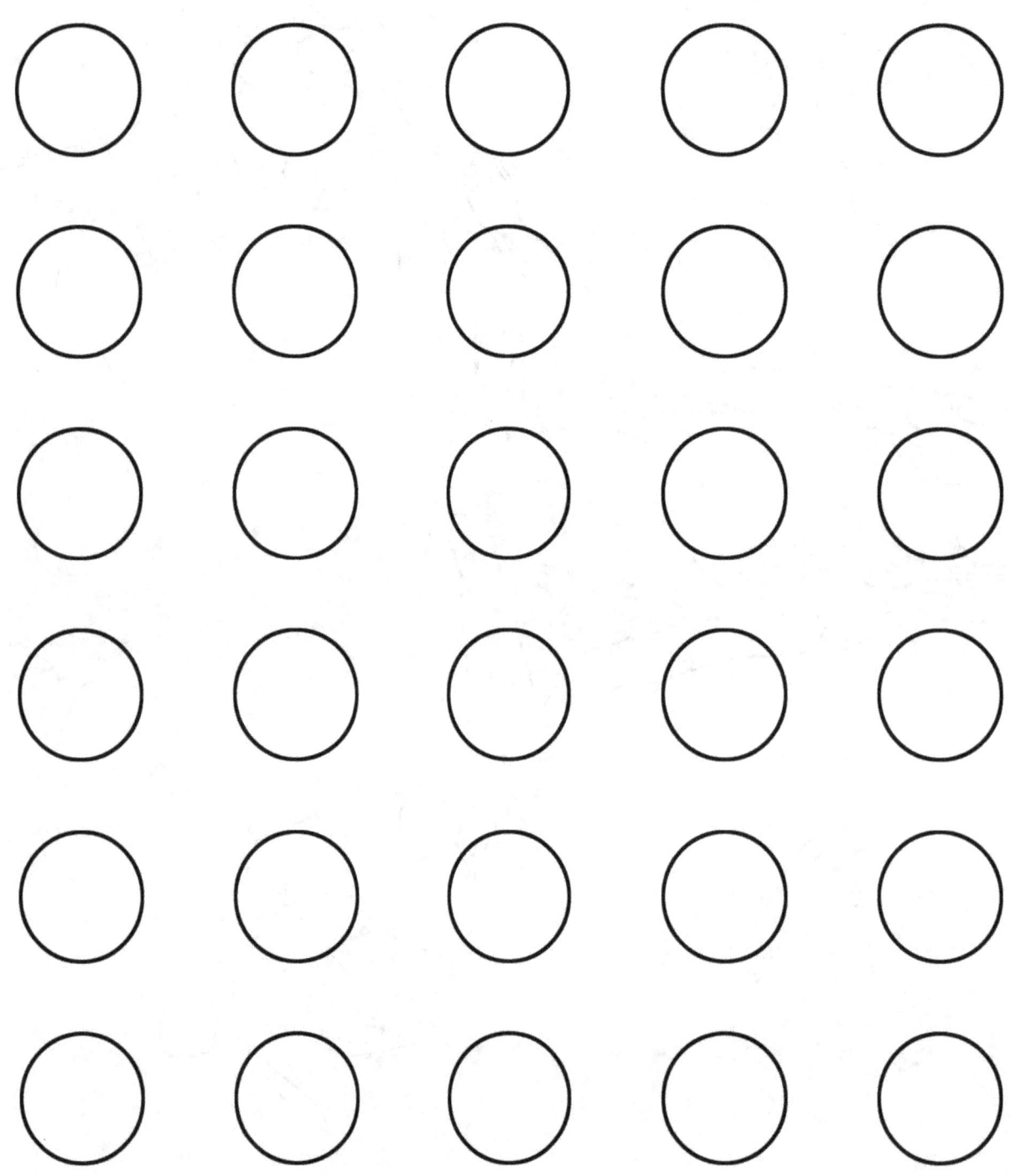

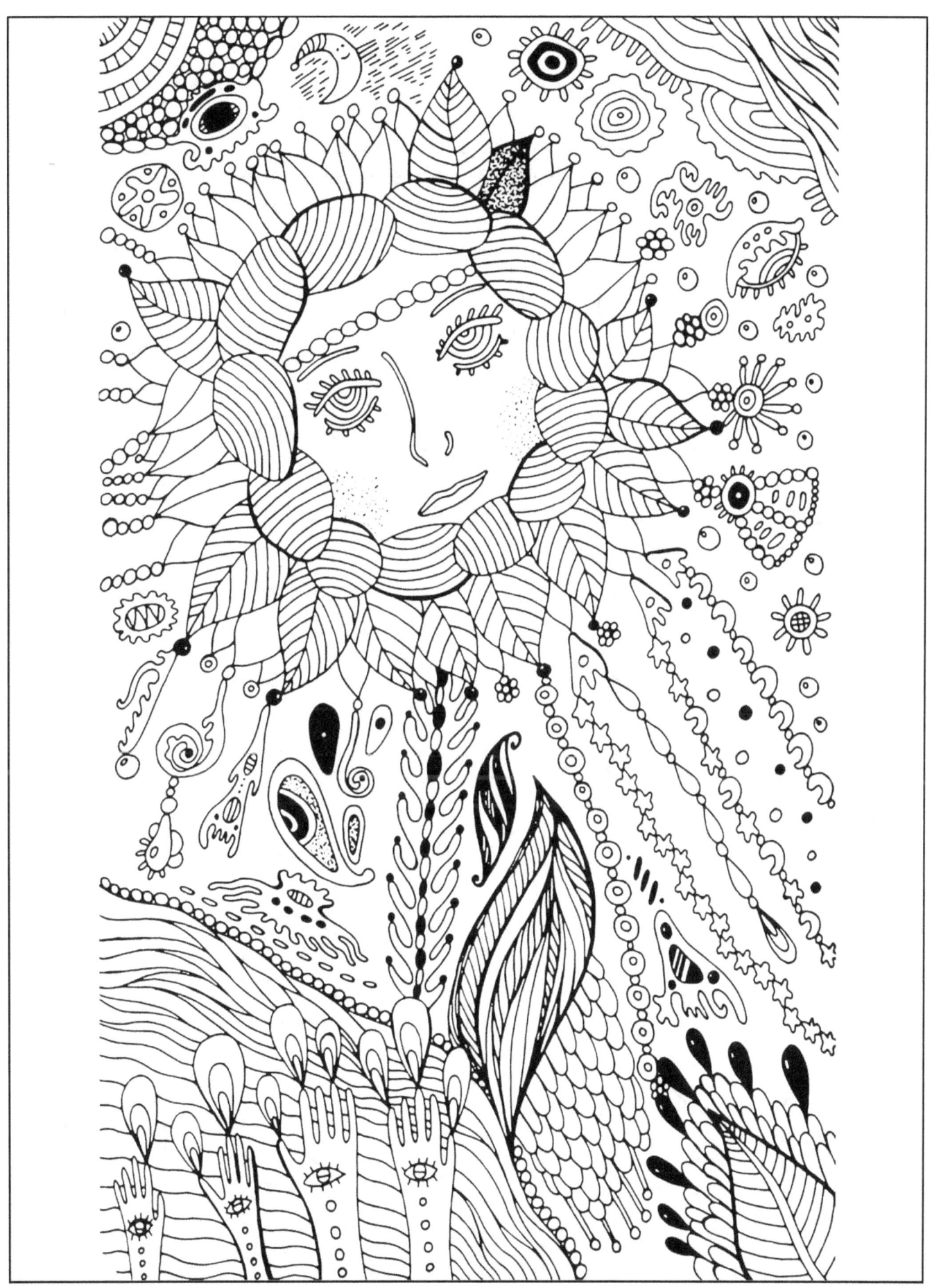

Test Your Color

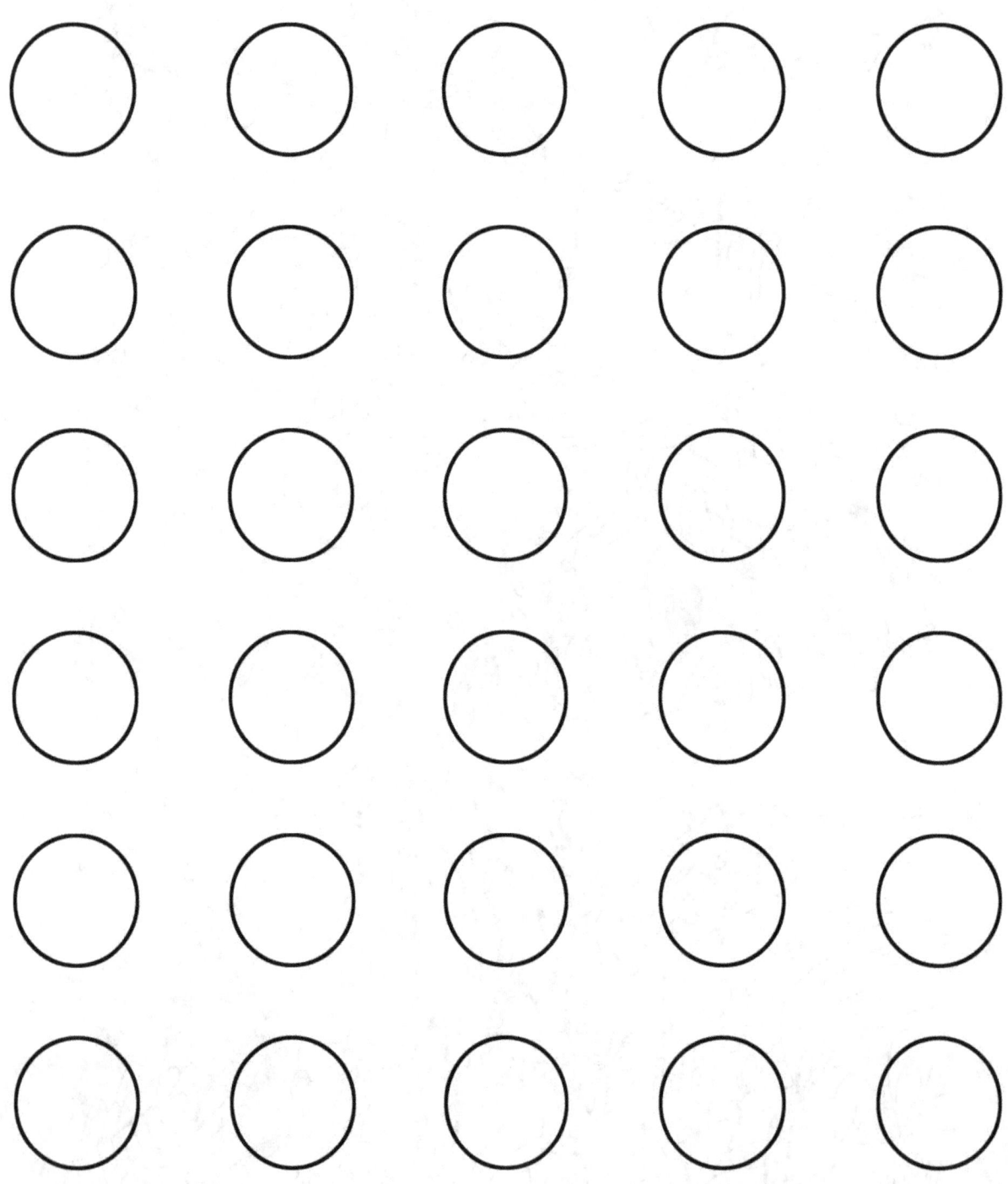

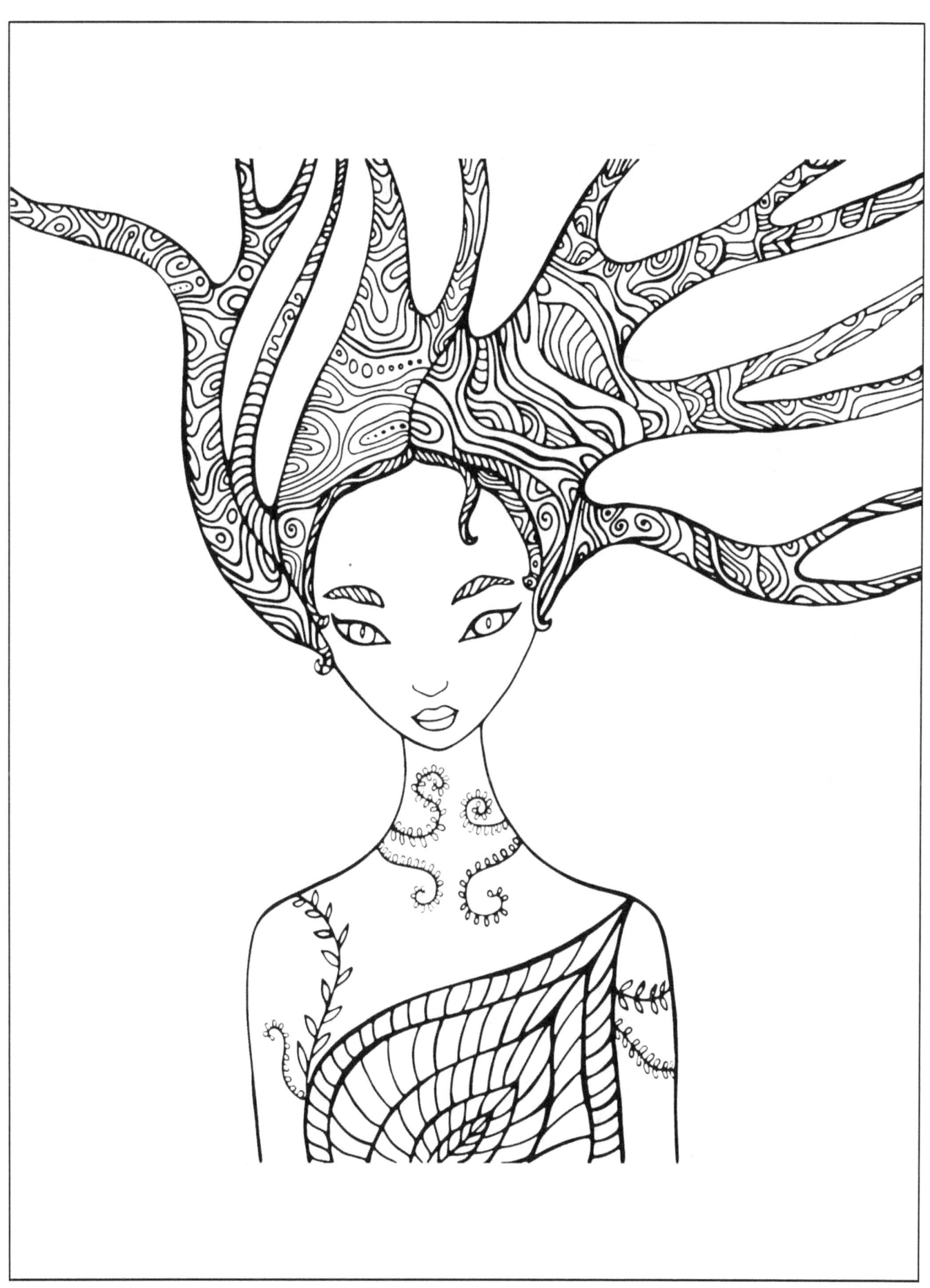

Test Your Color

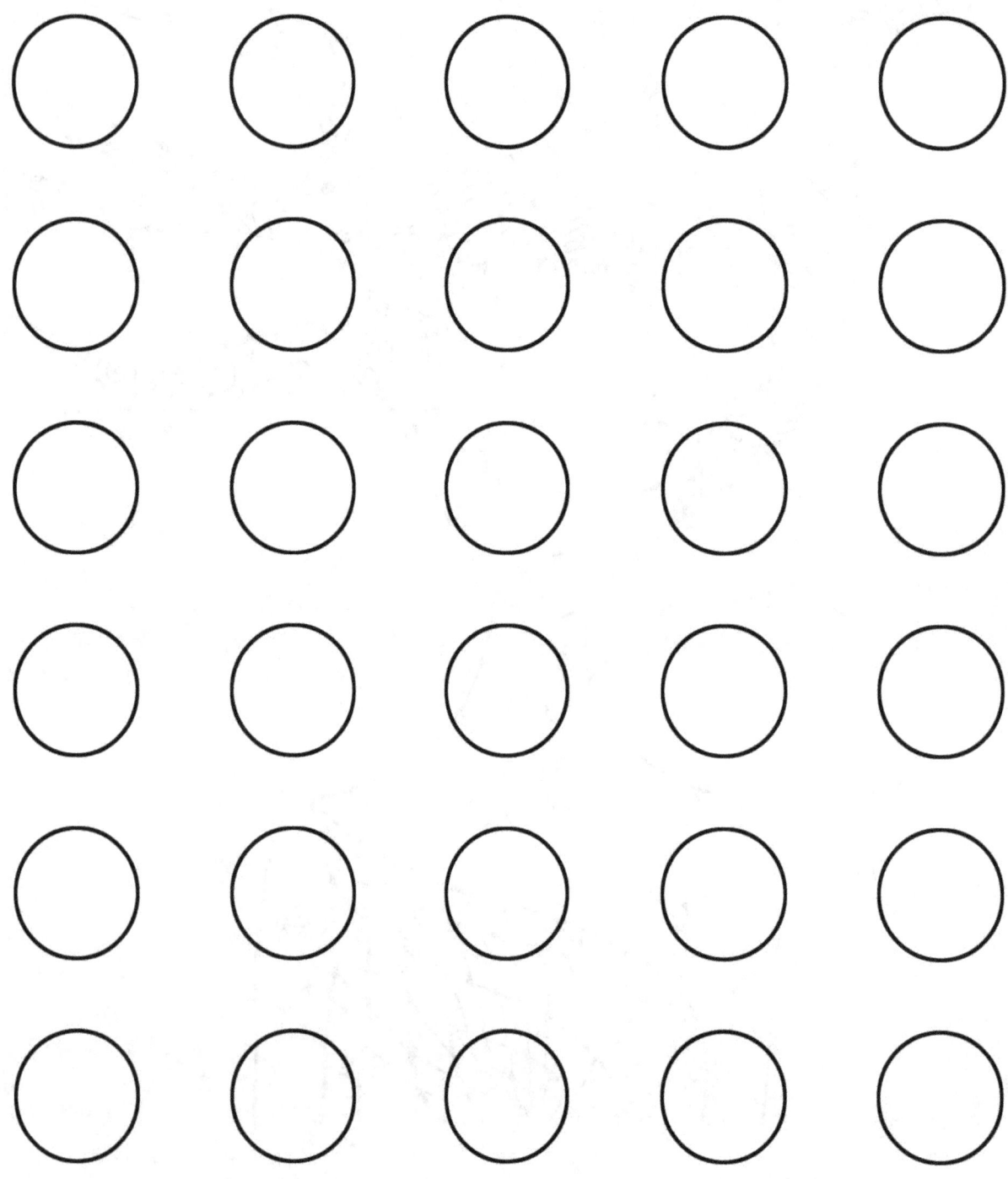

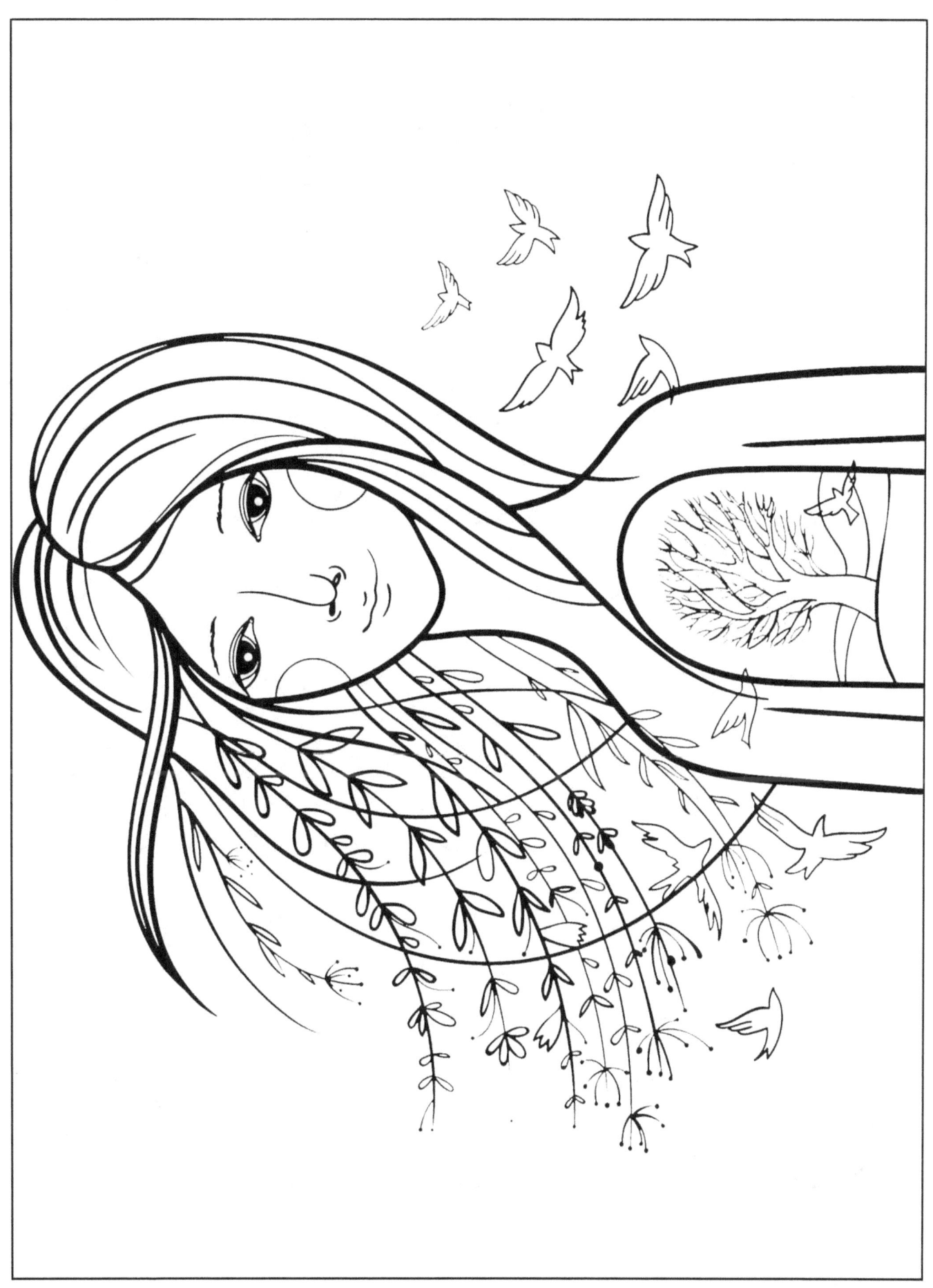

Test Your Color

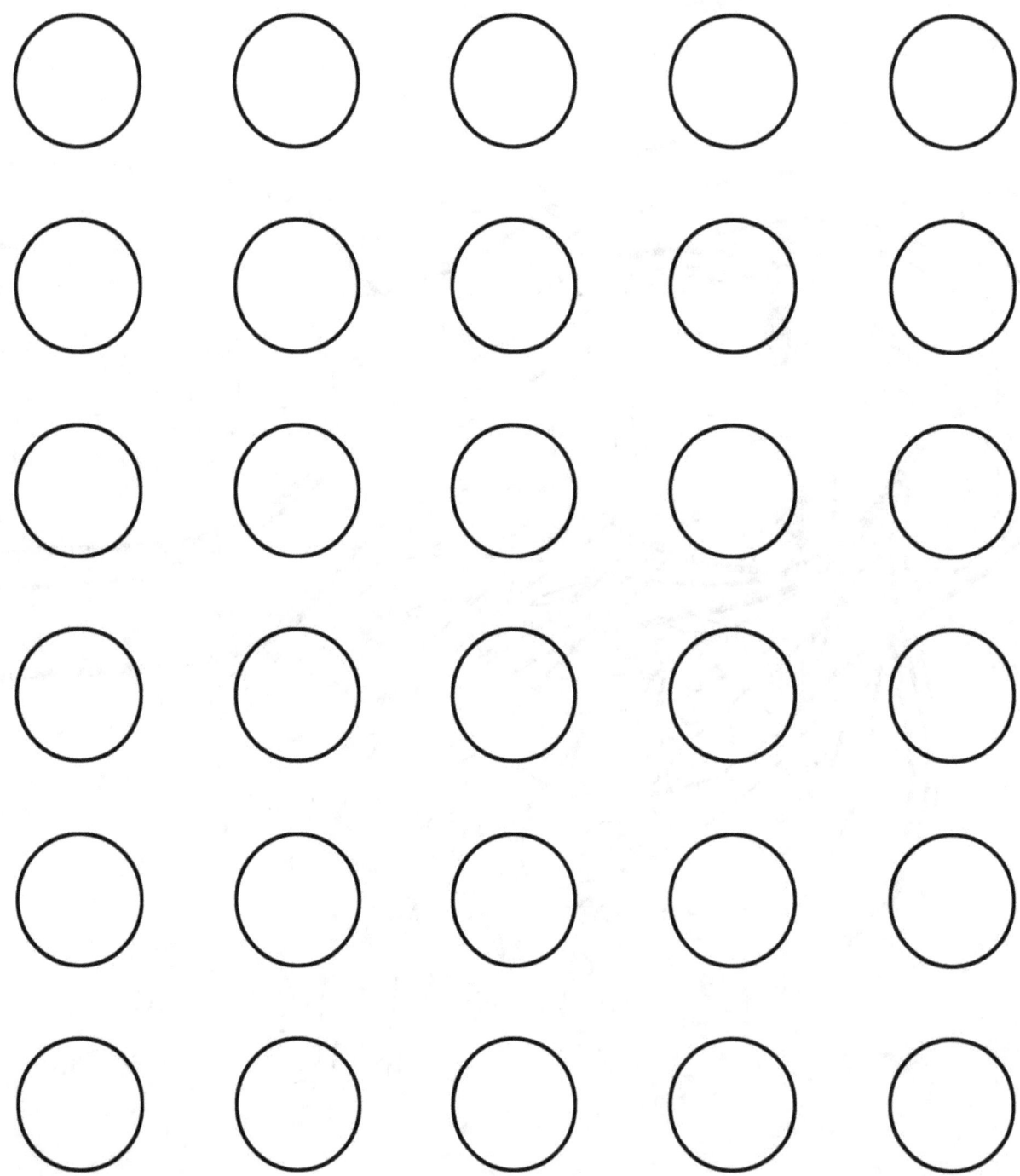

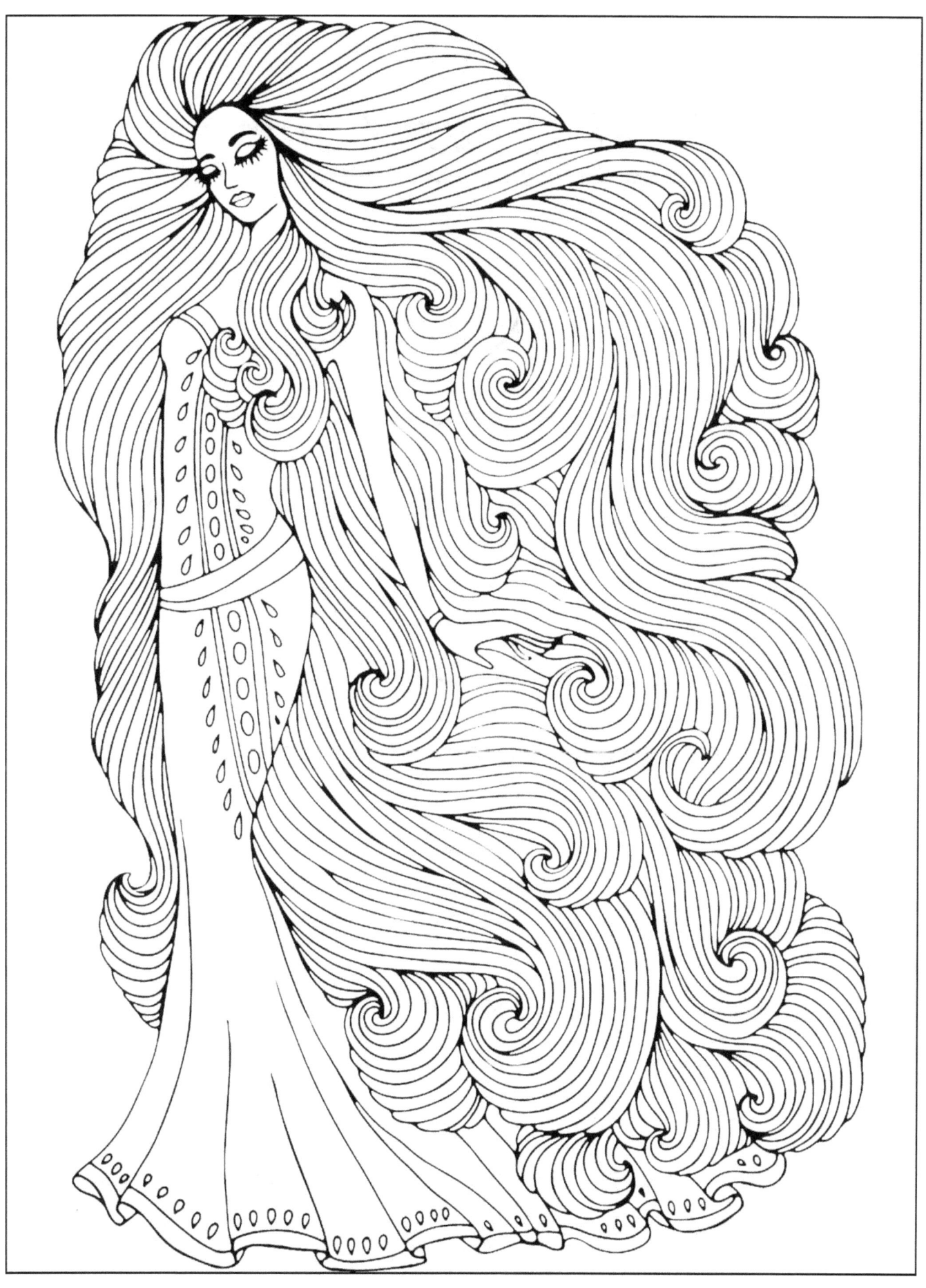

Test Your Color

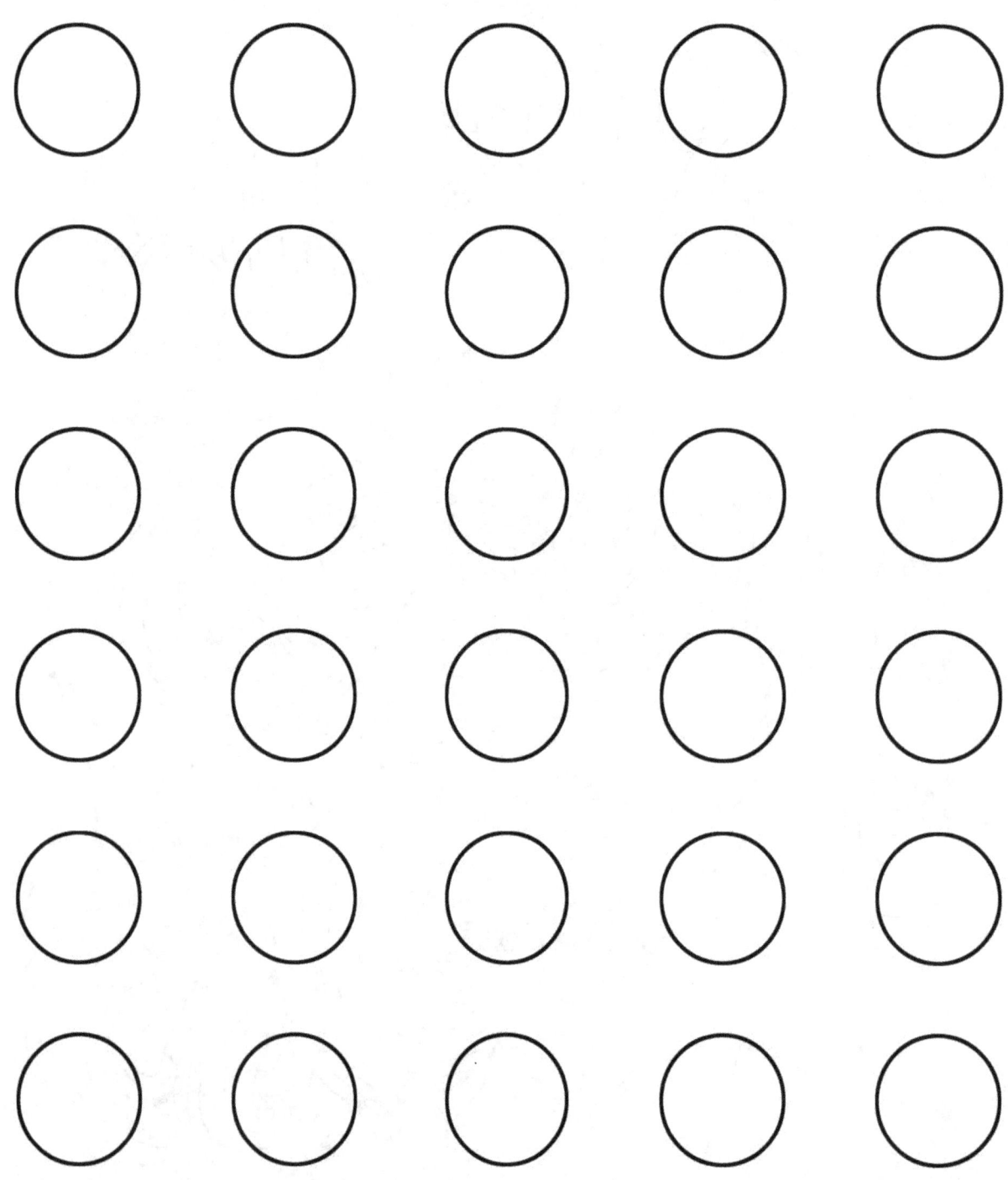

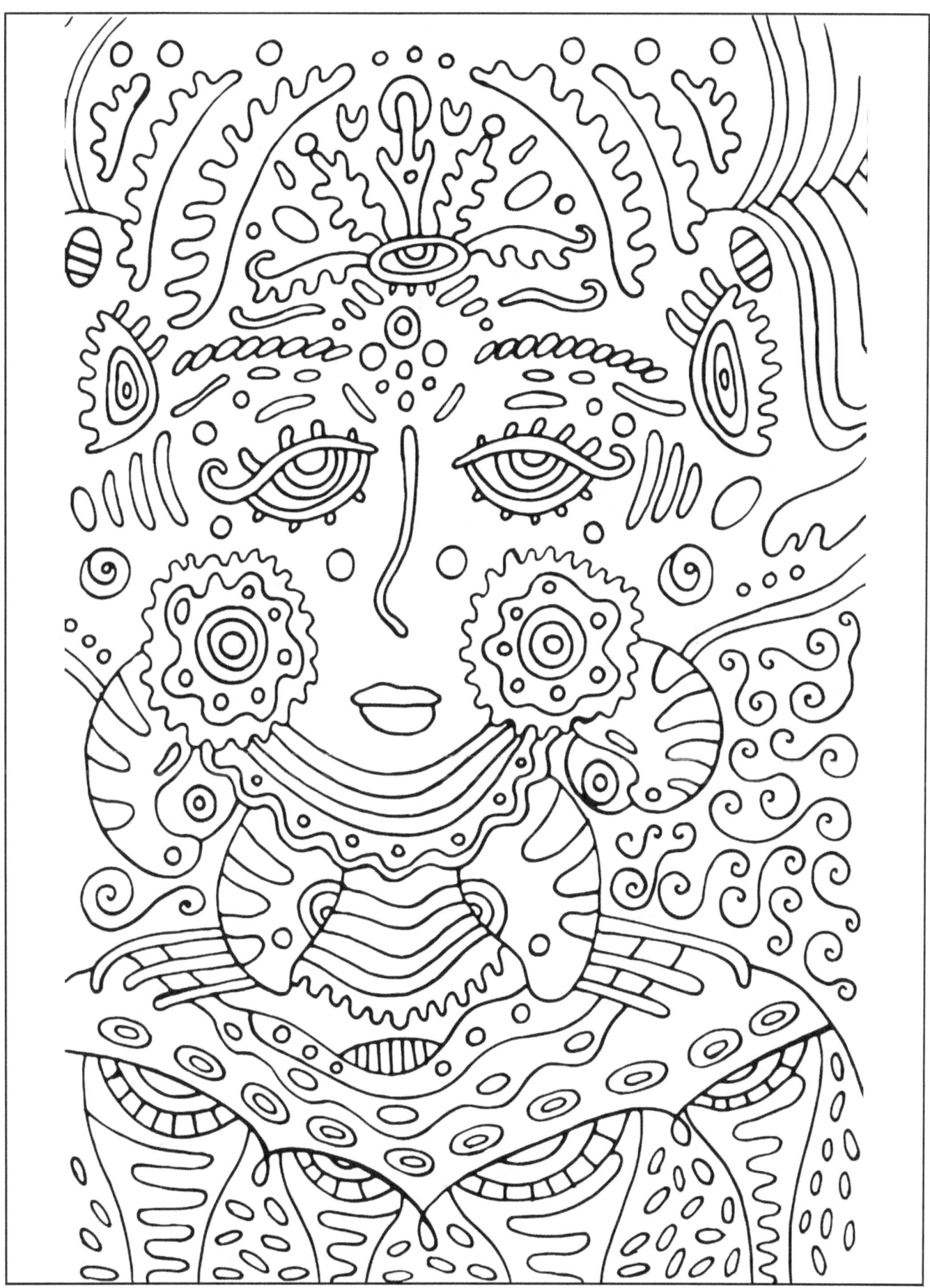

Test Your Color

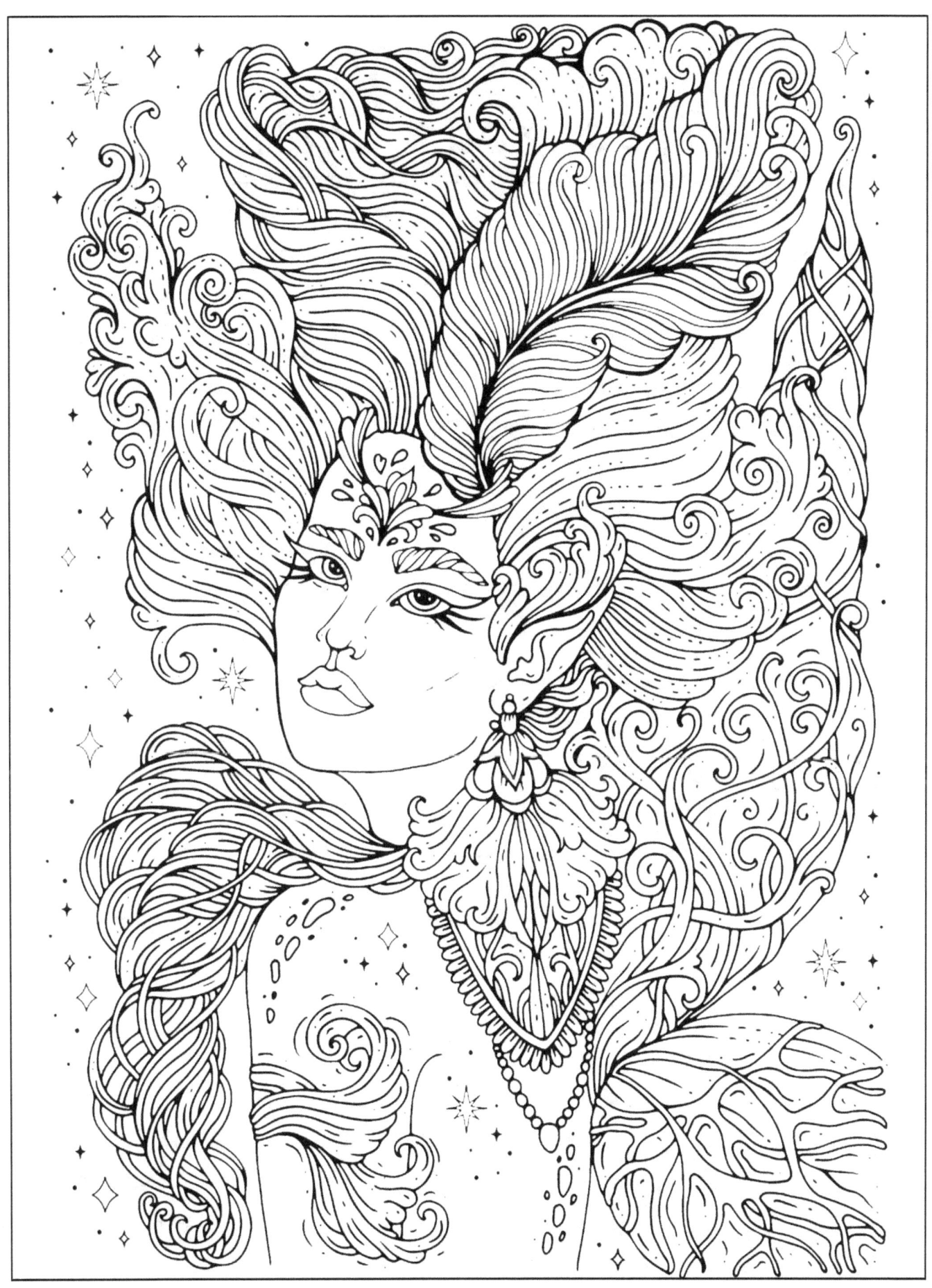

Test Your Color

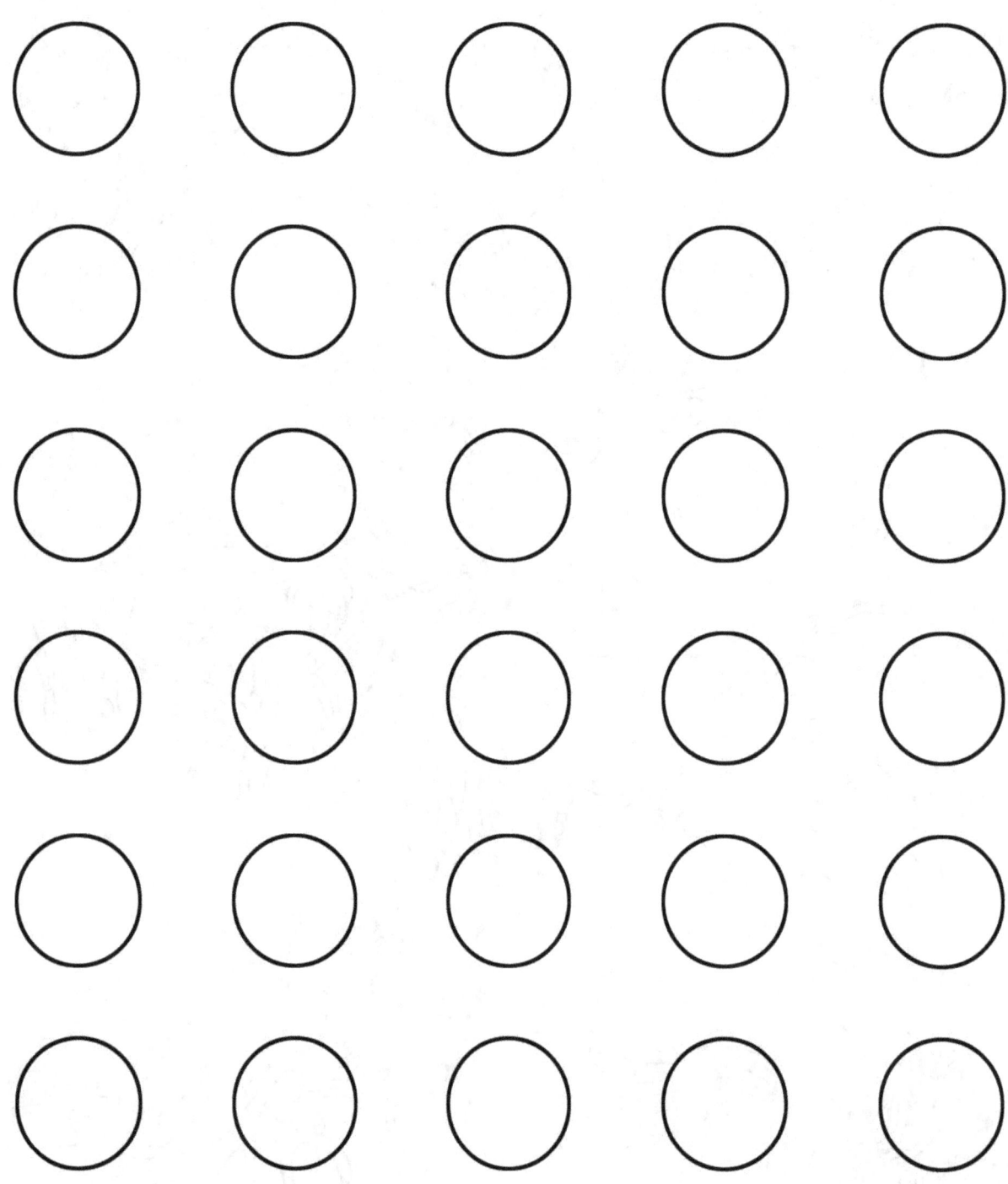

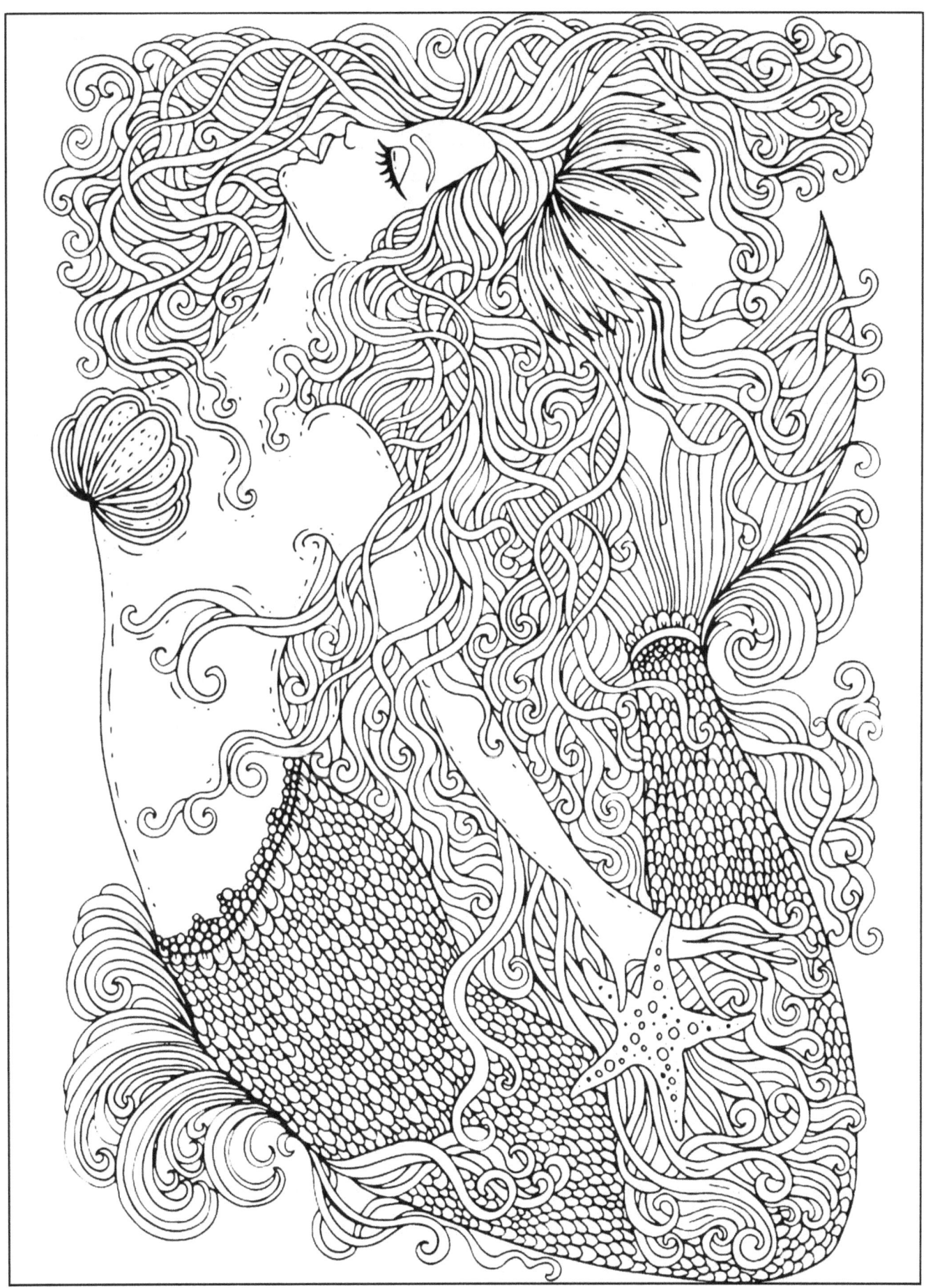

Test Your Color

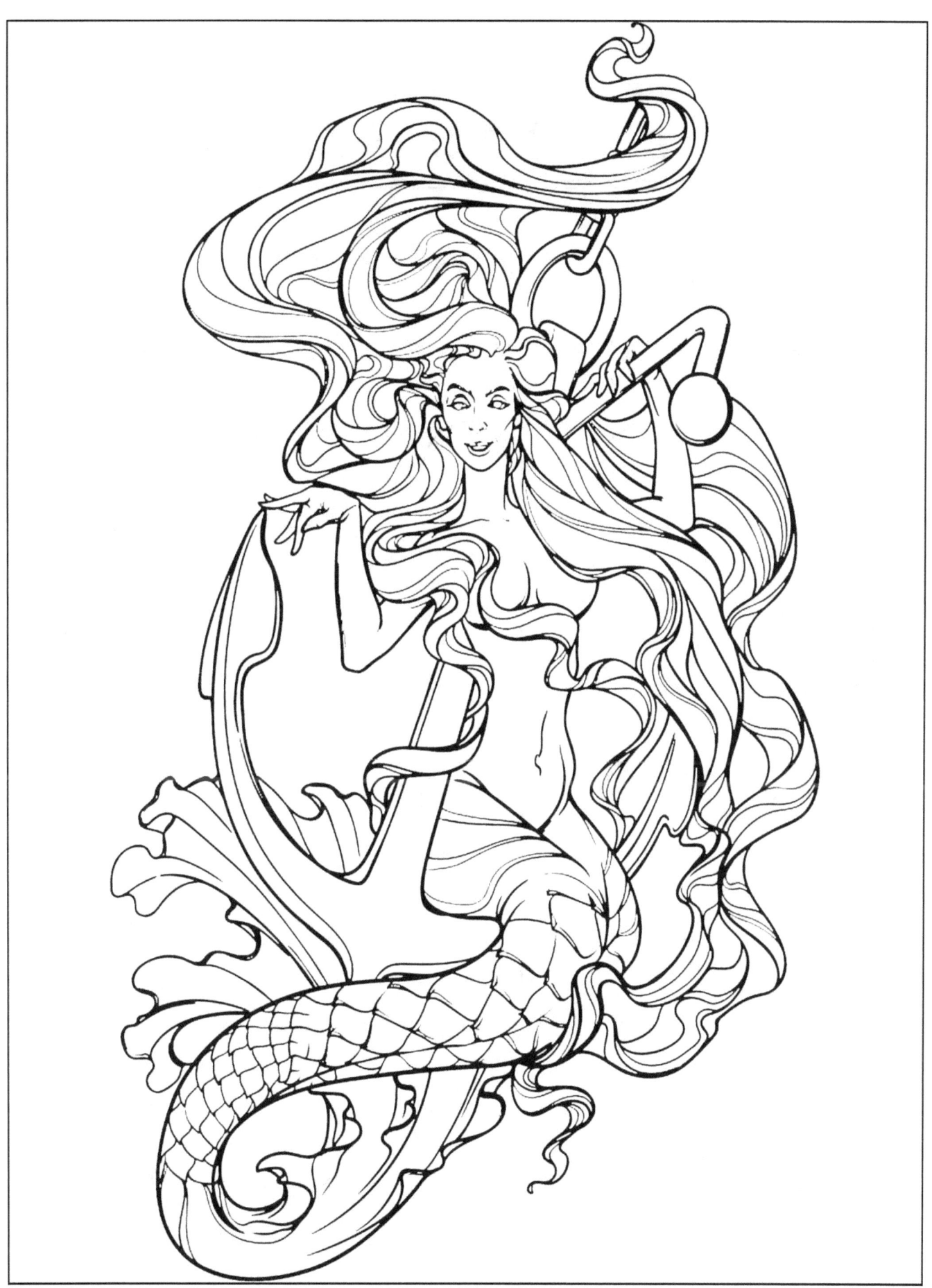

Test Your Color

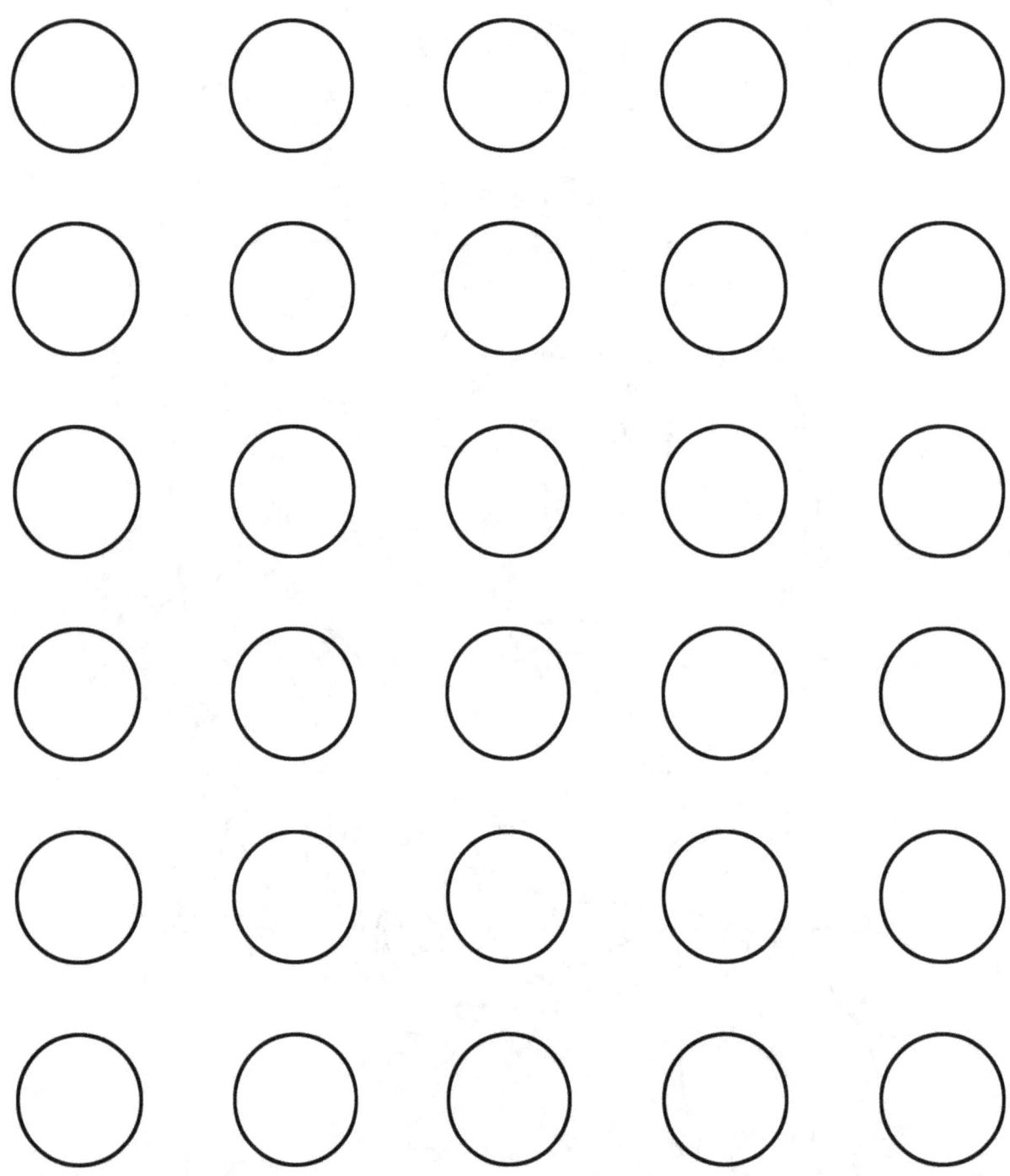

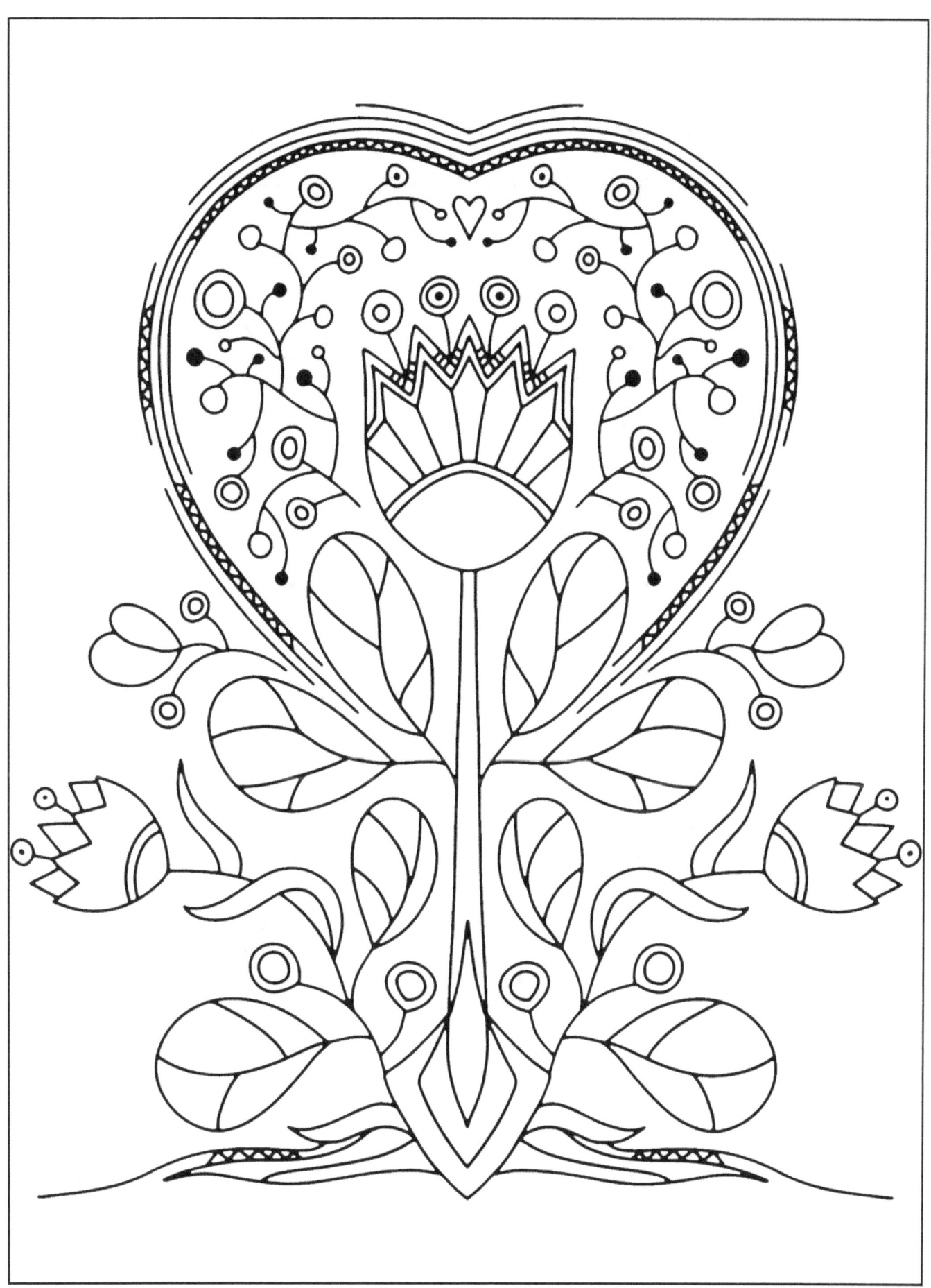

Test Your Color

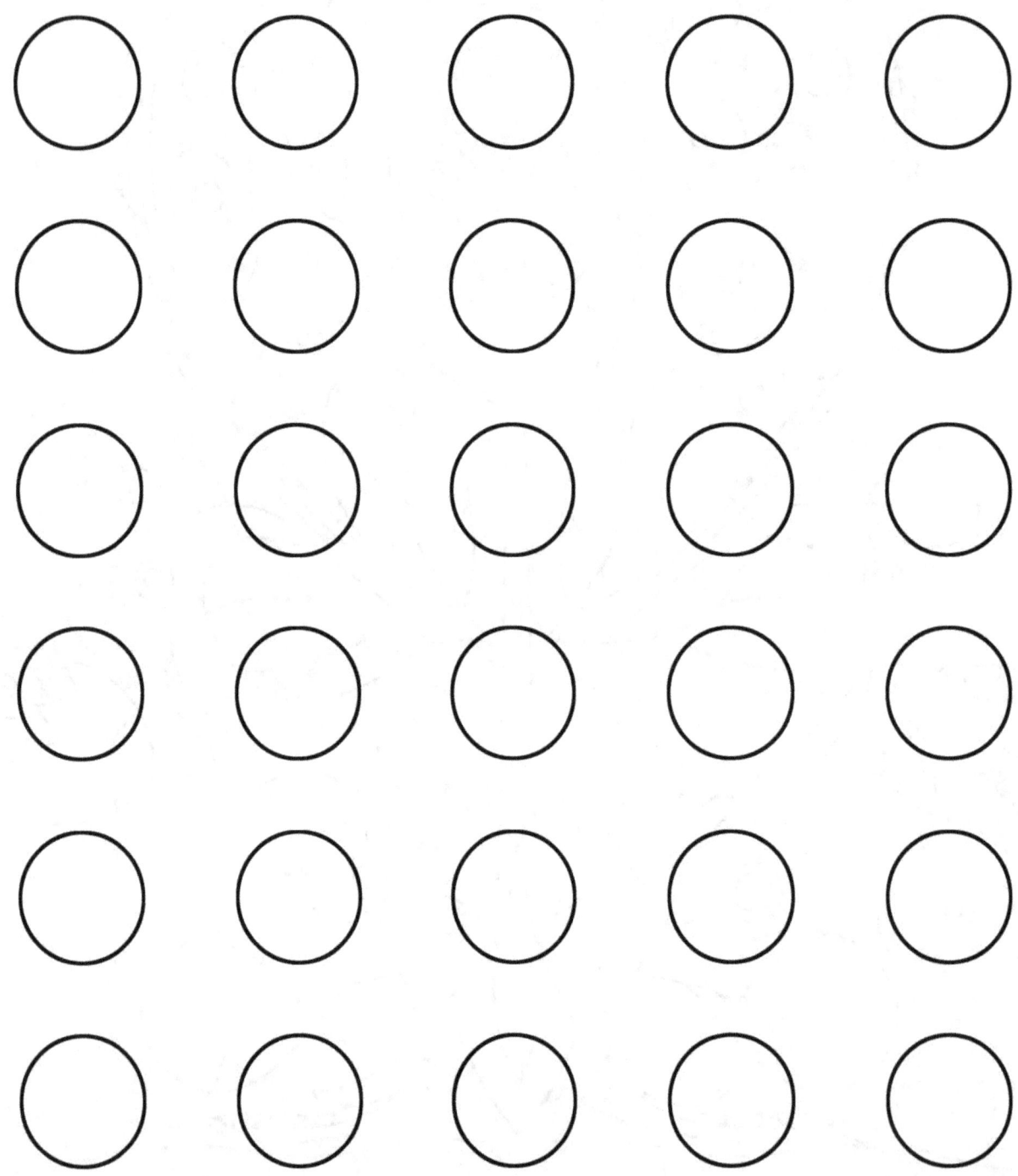

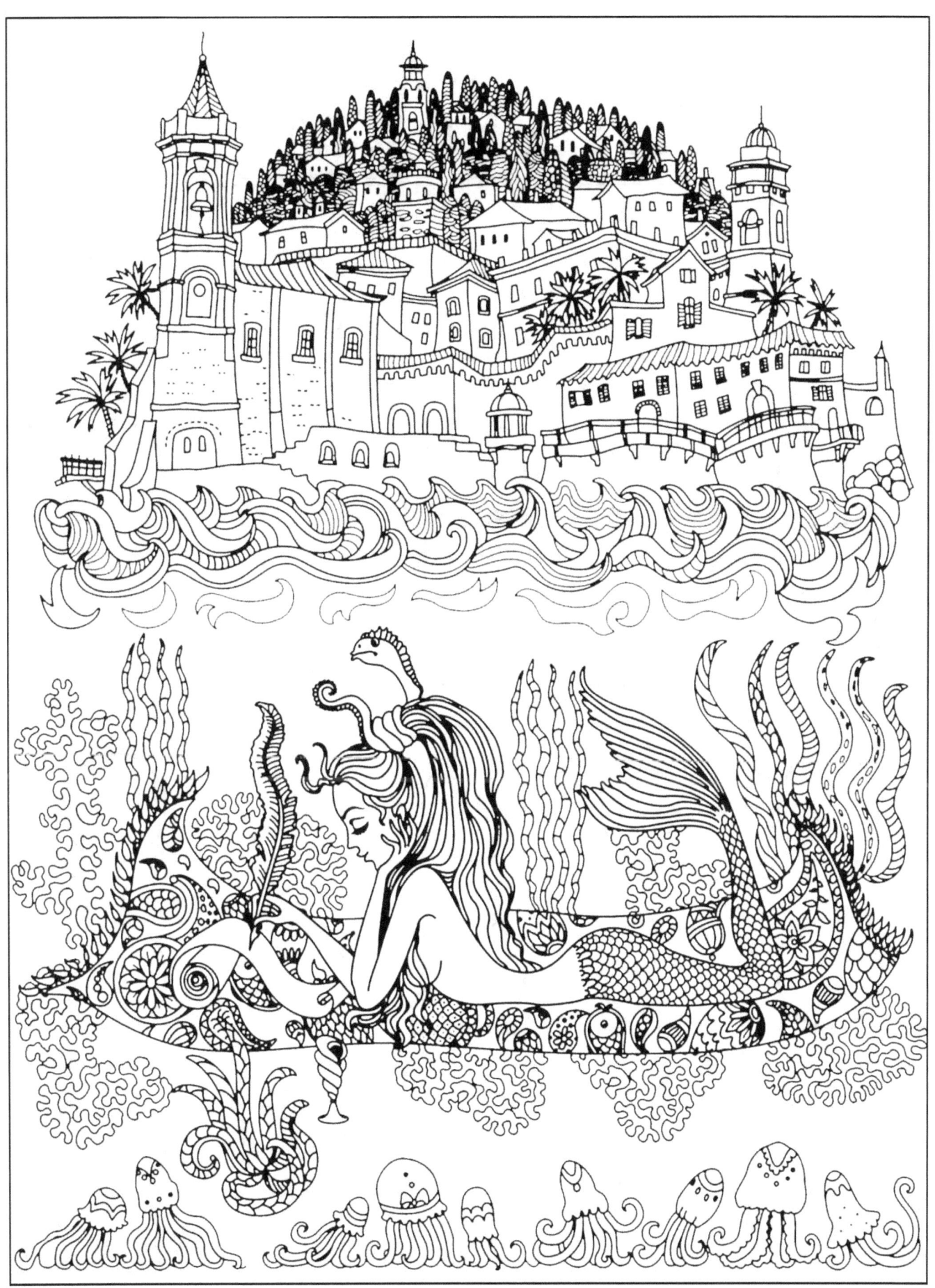

Test Your Color

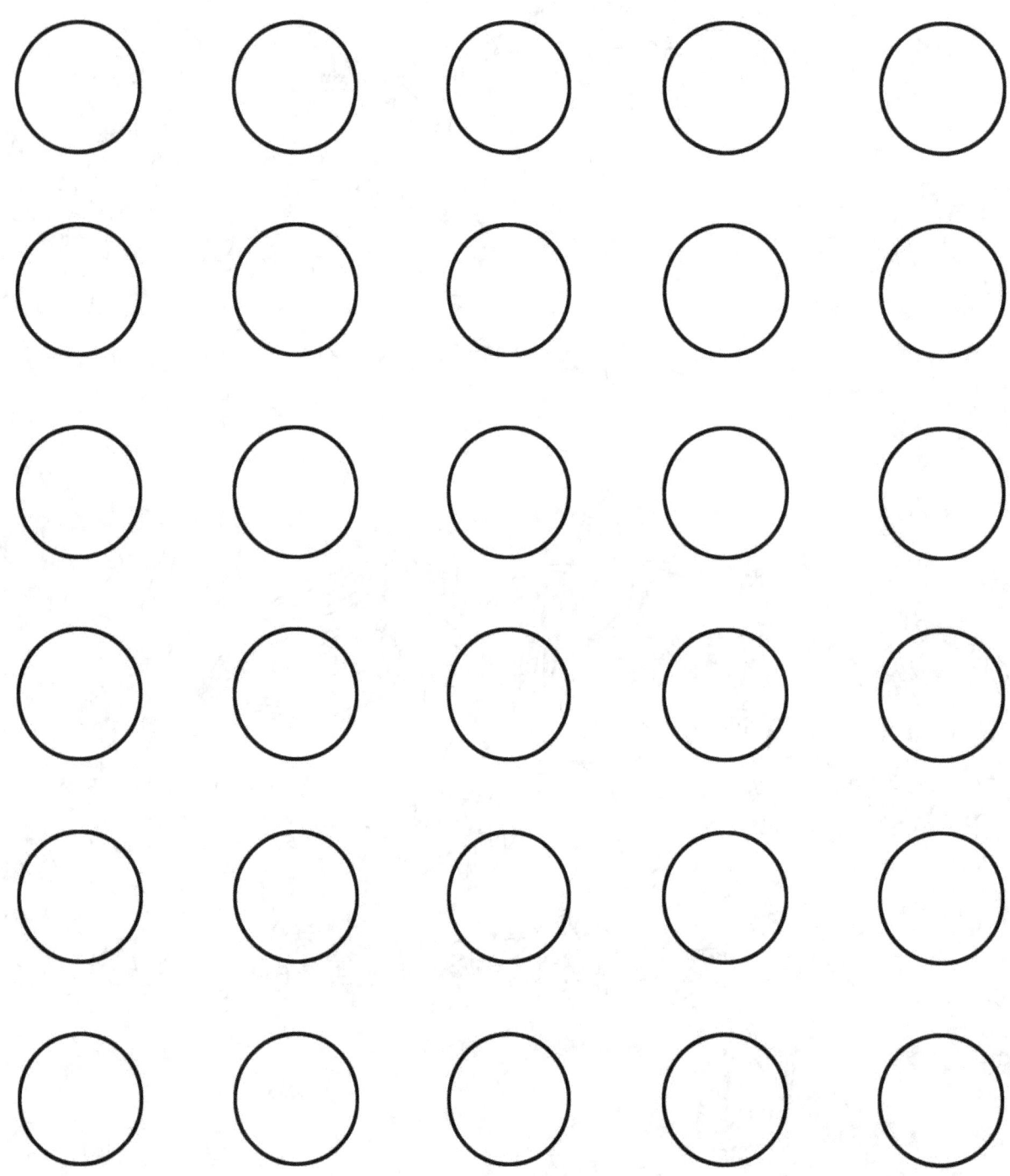

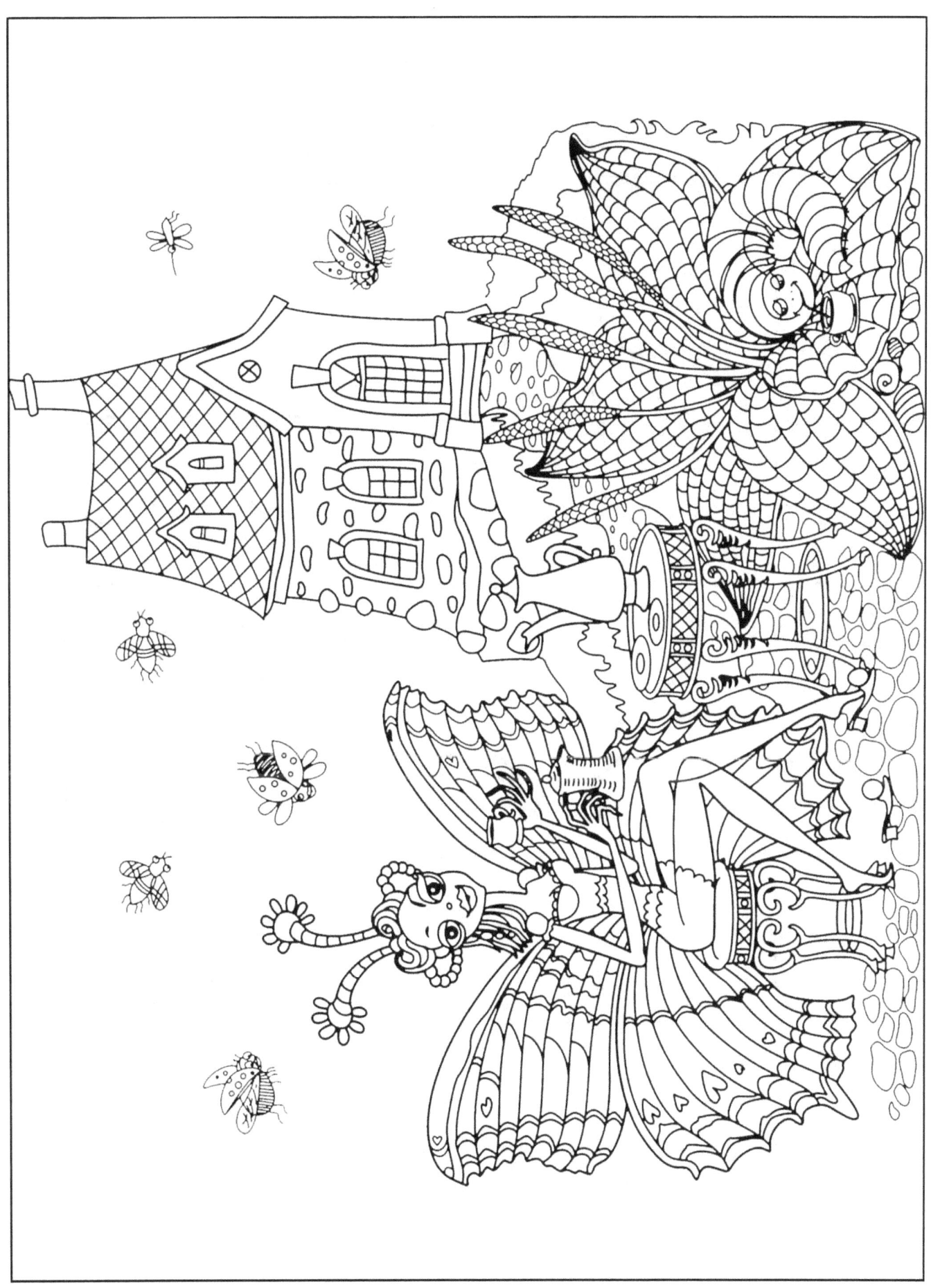

Test Your Color

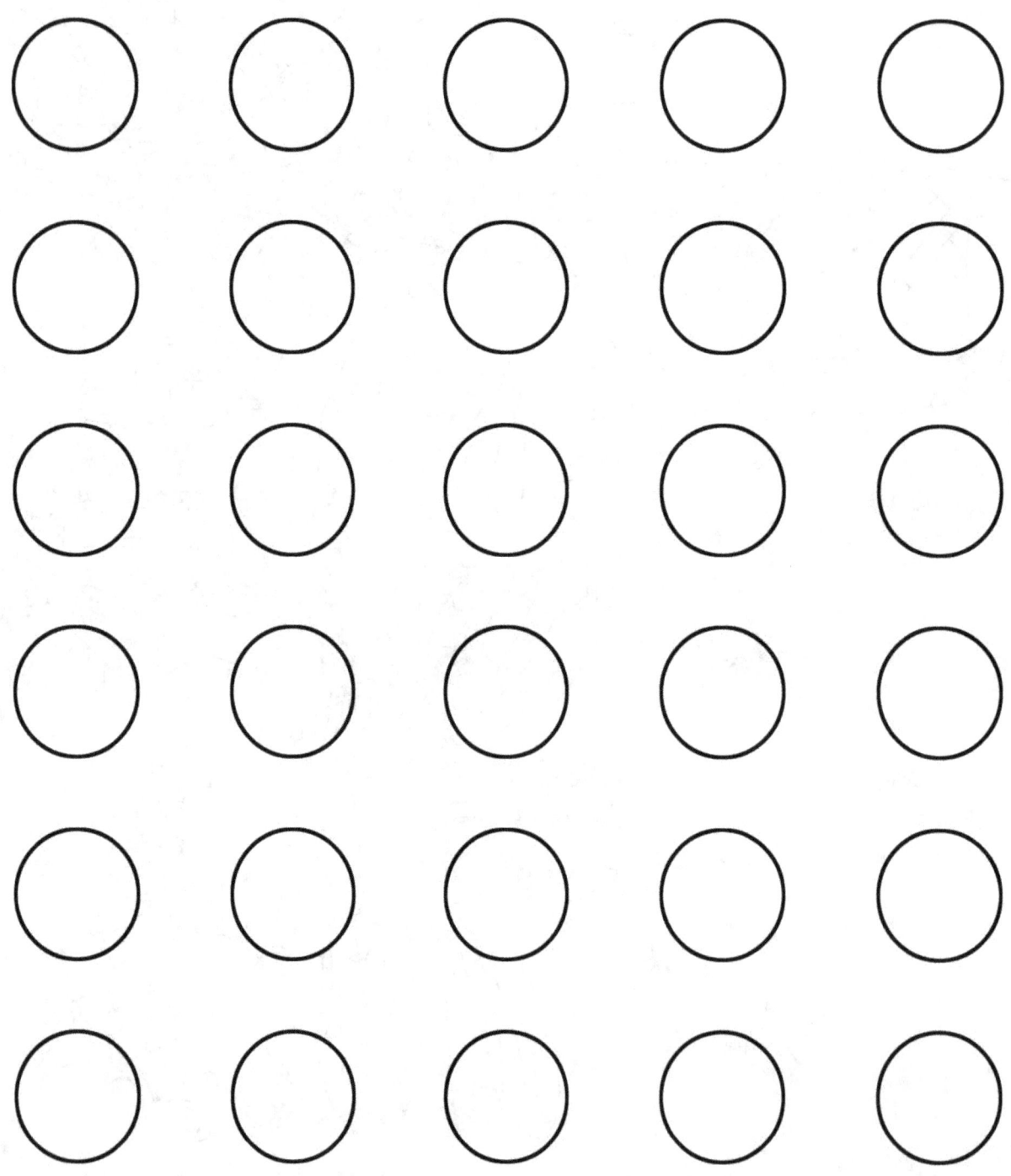

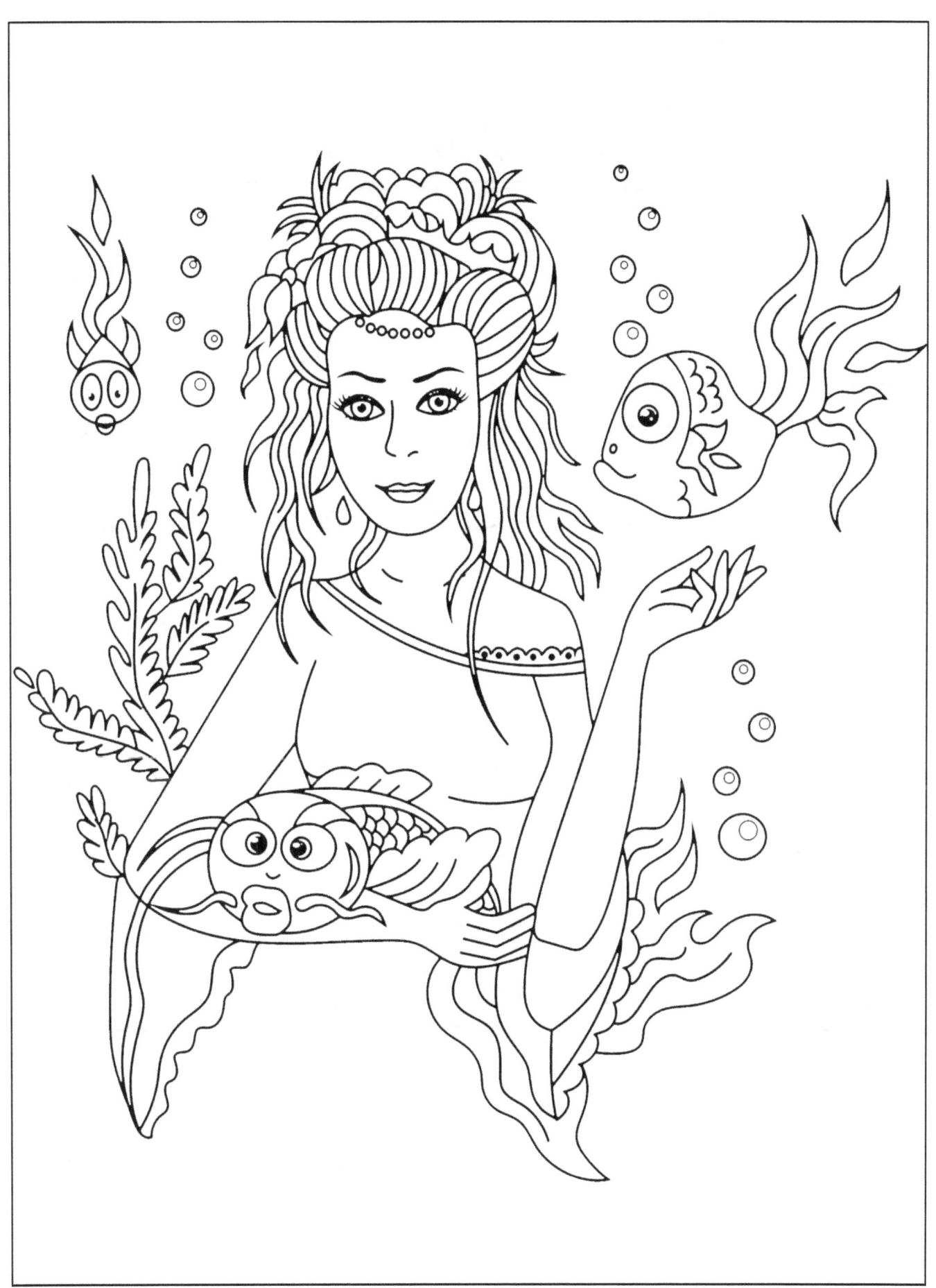

Test Your Color

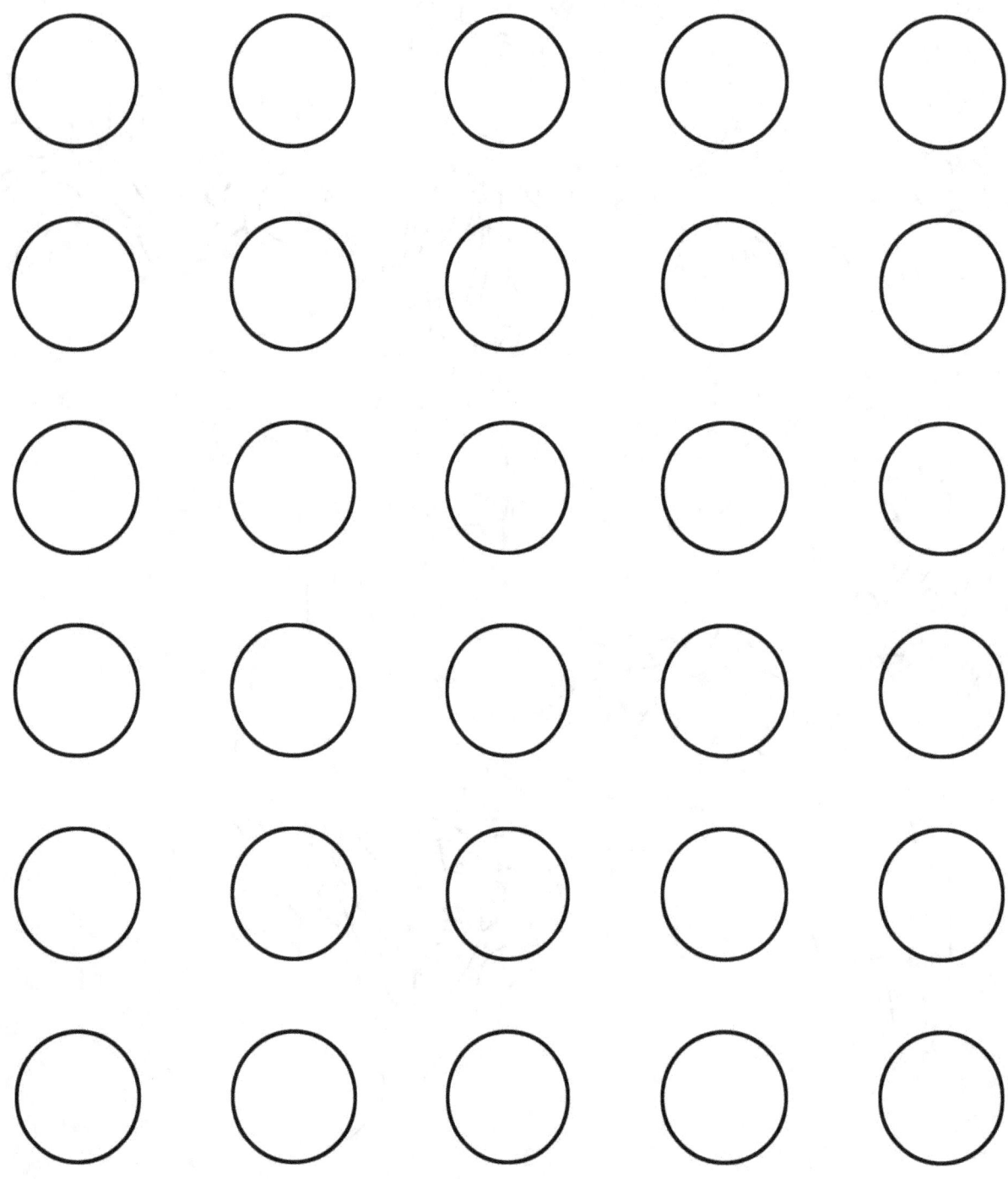

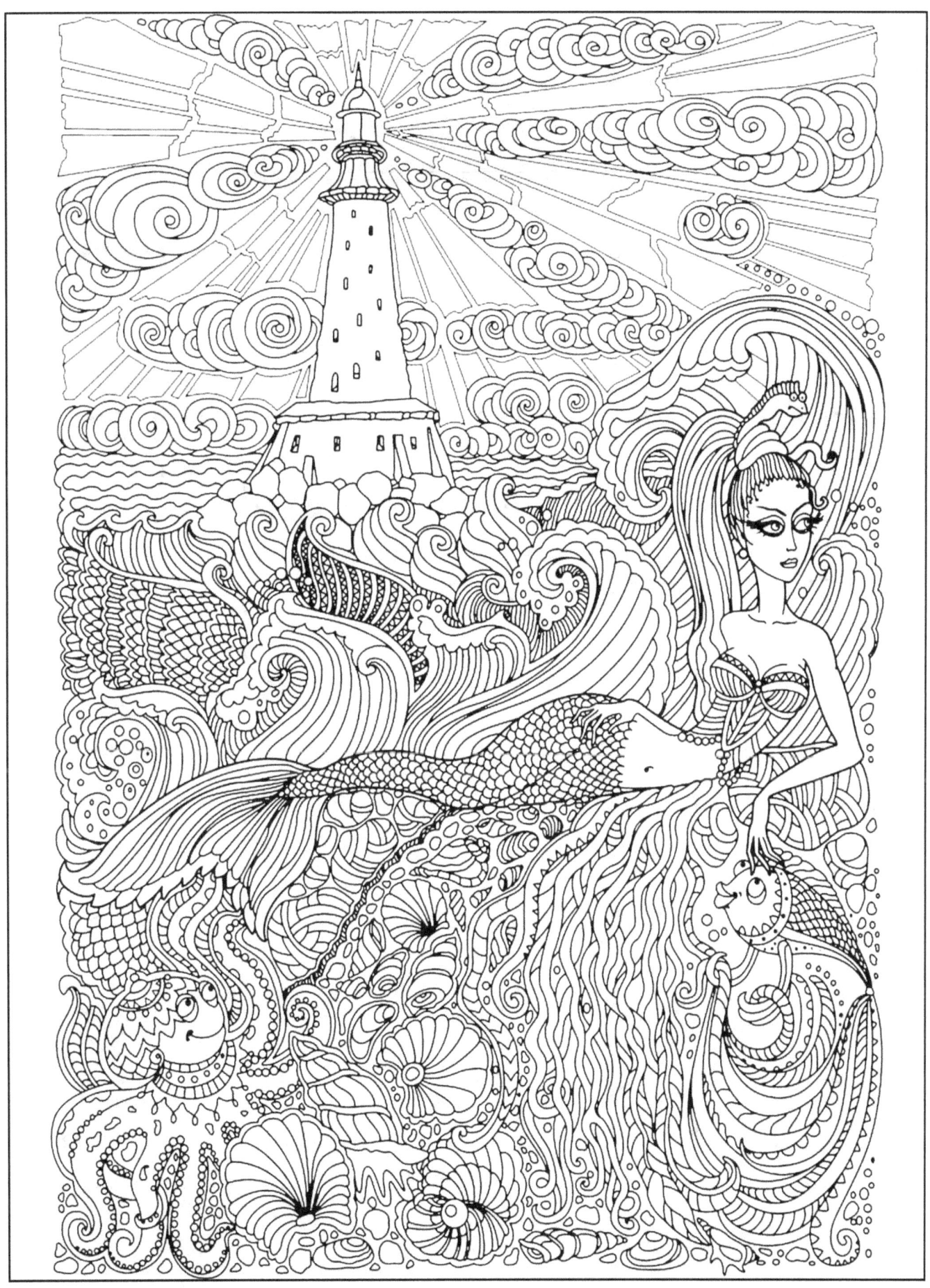

Test Your Color

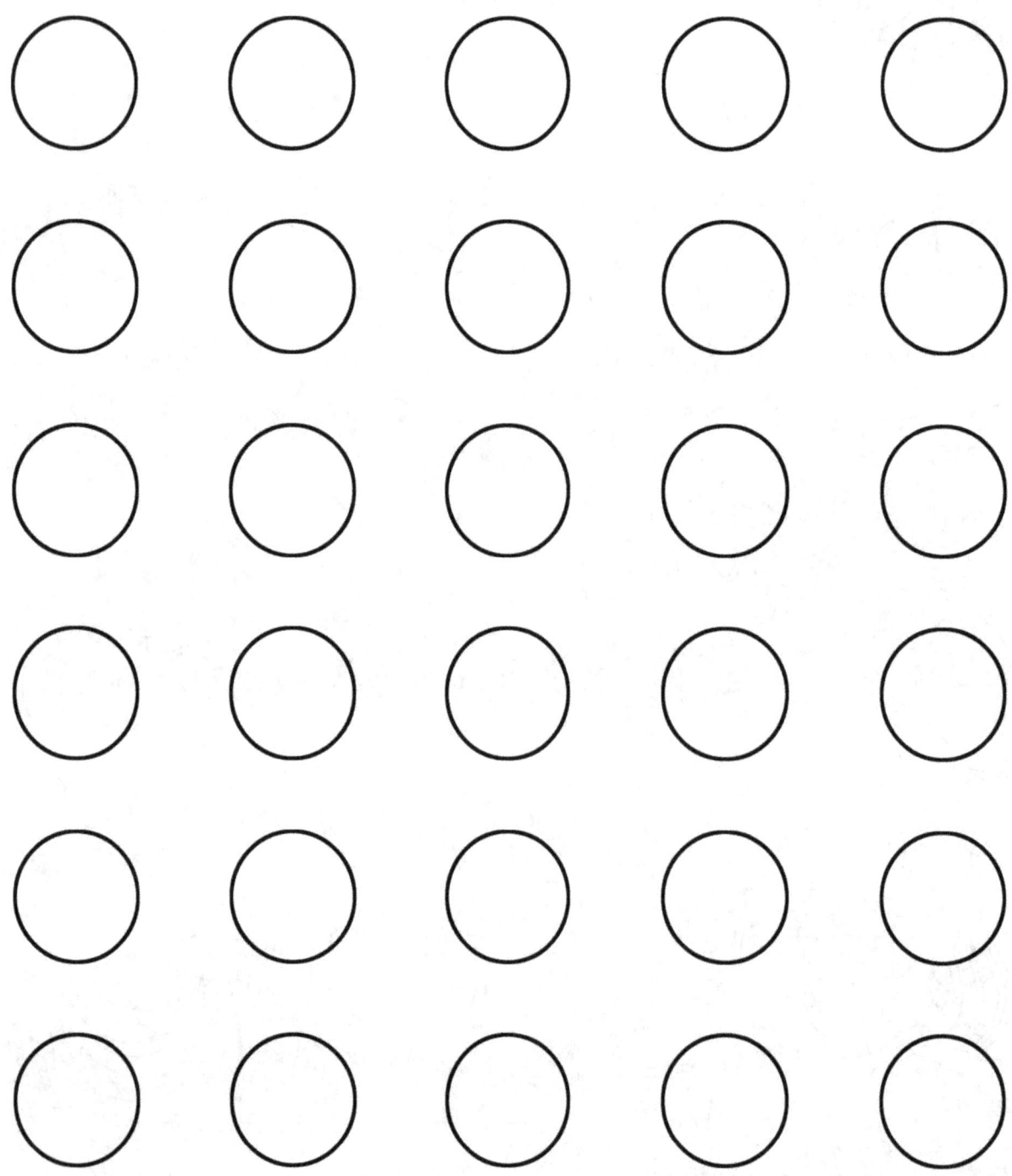

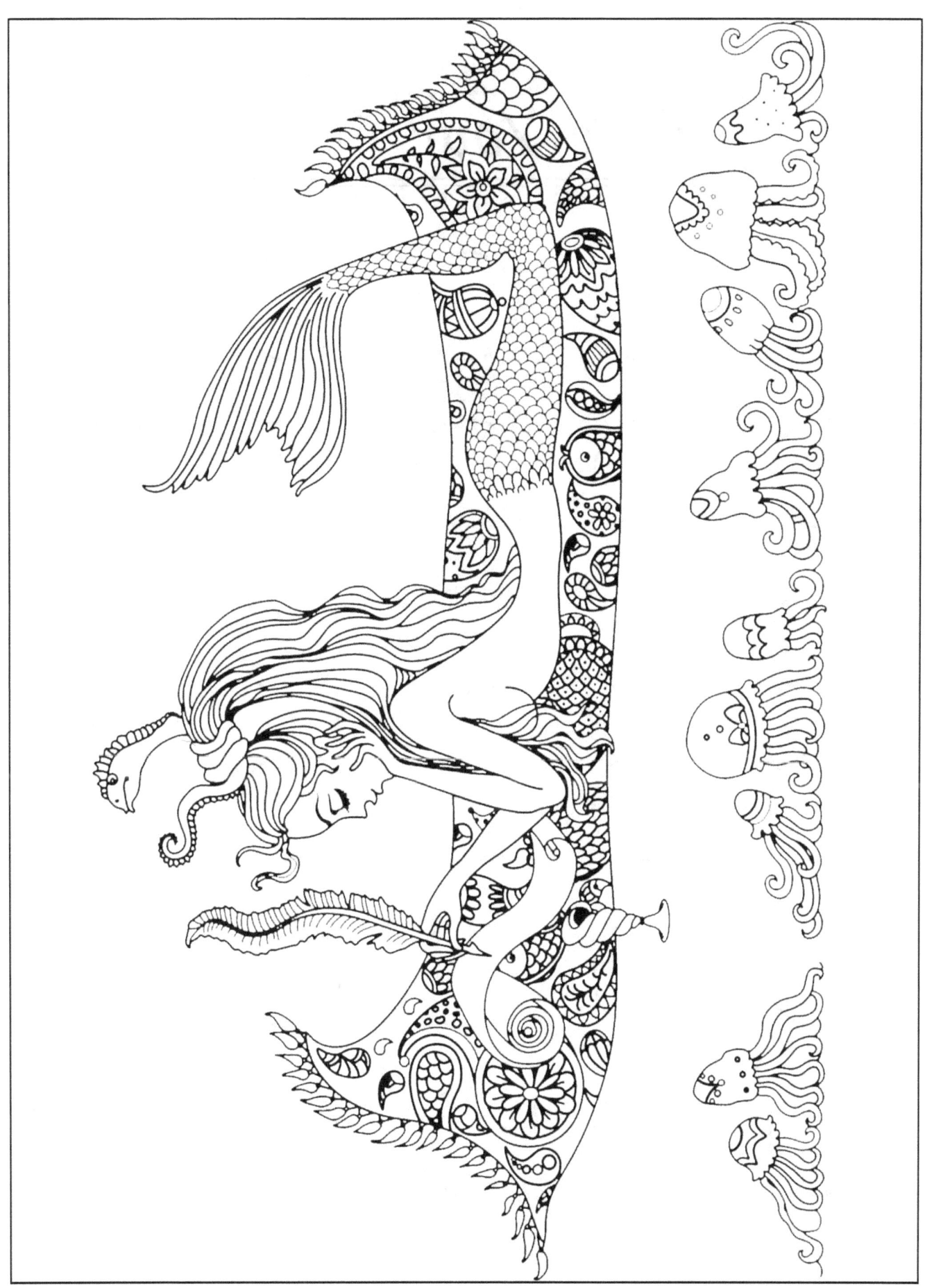

Test Your Color

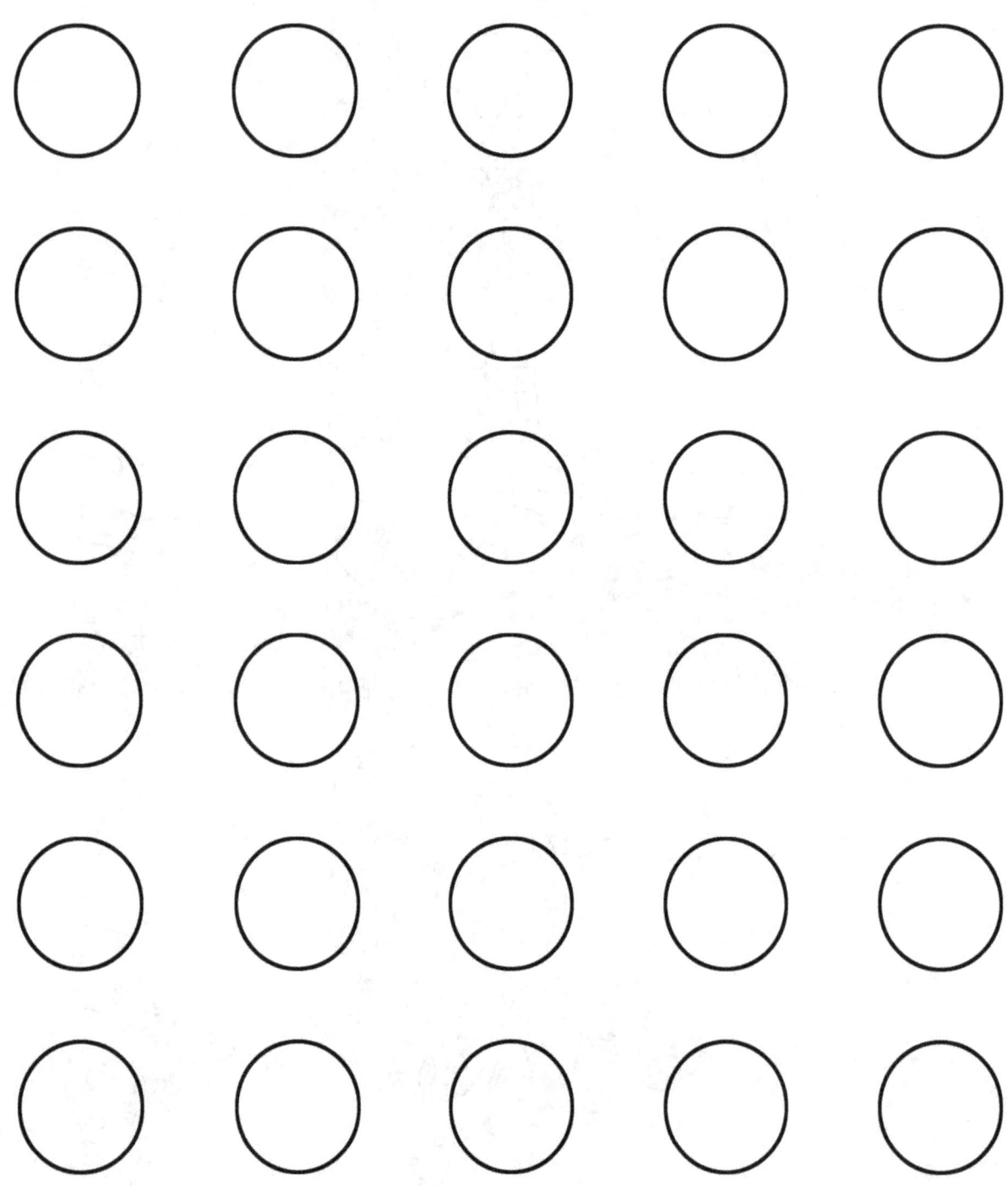

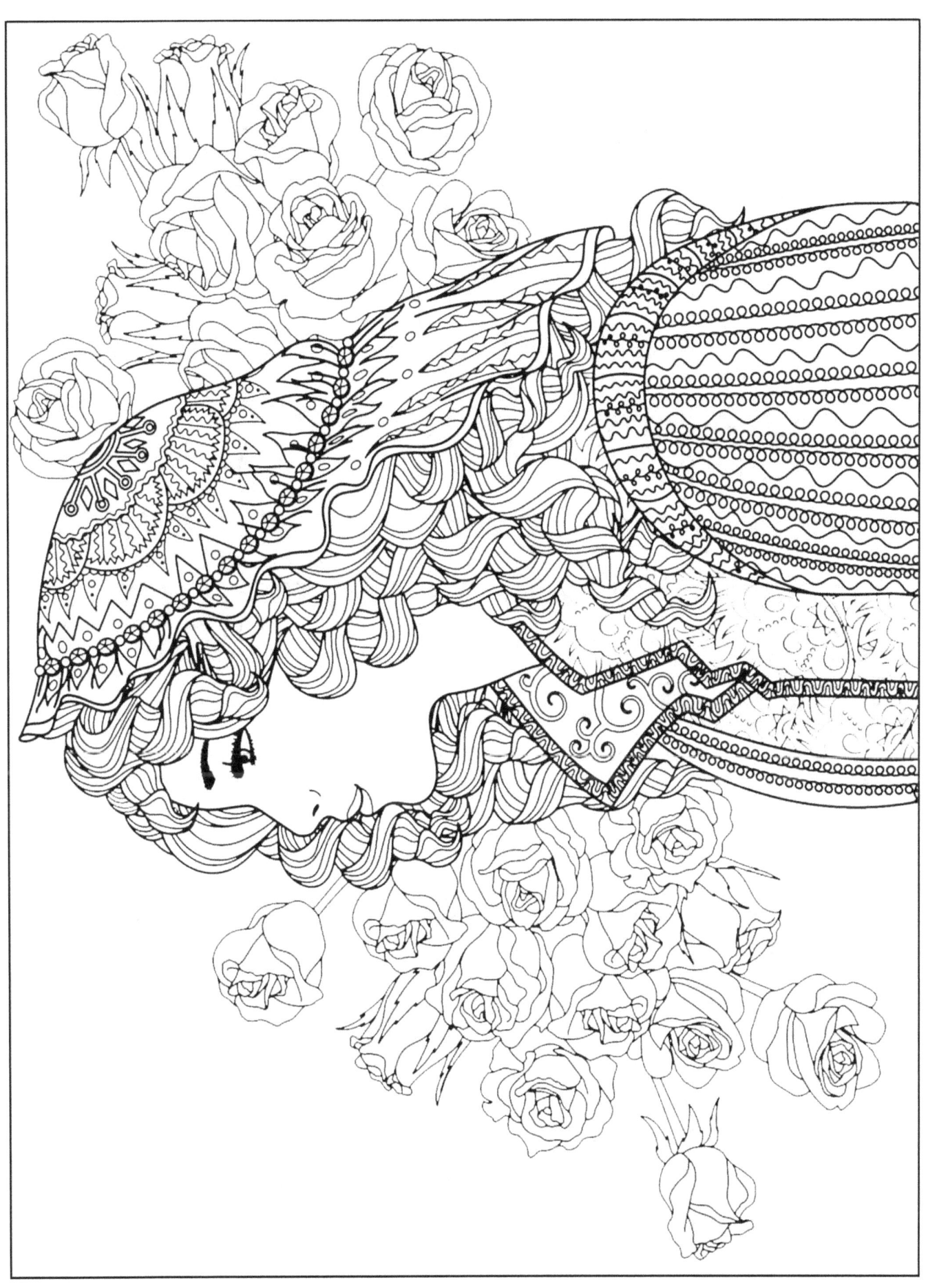

Test Your Color

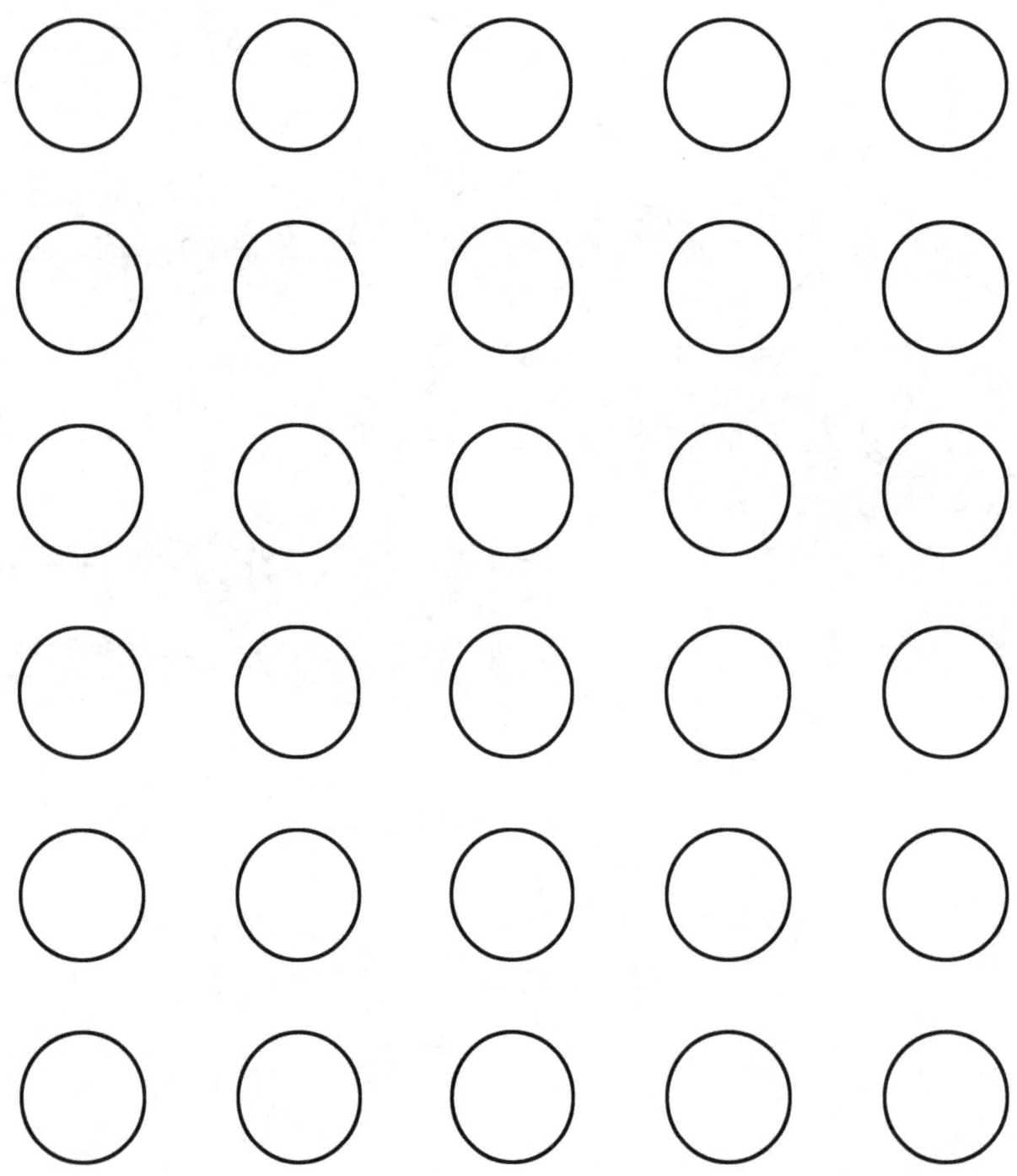

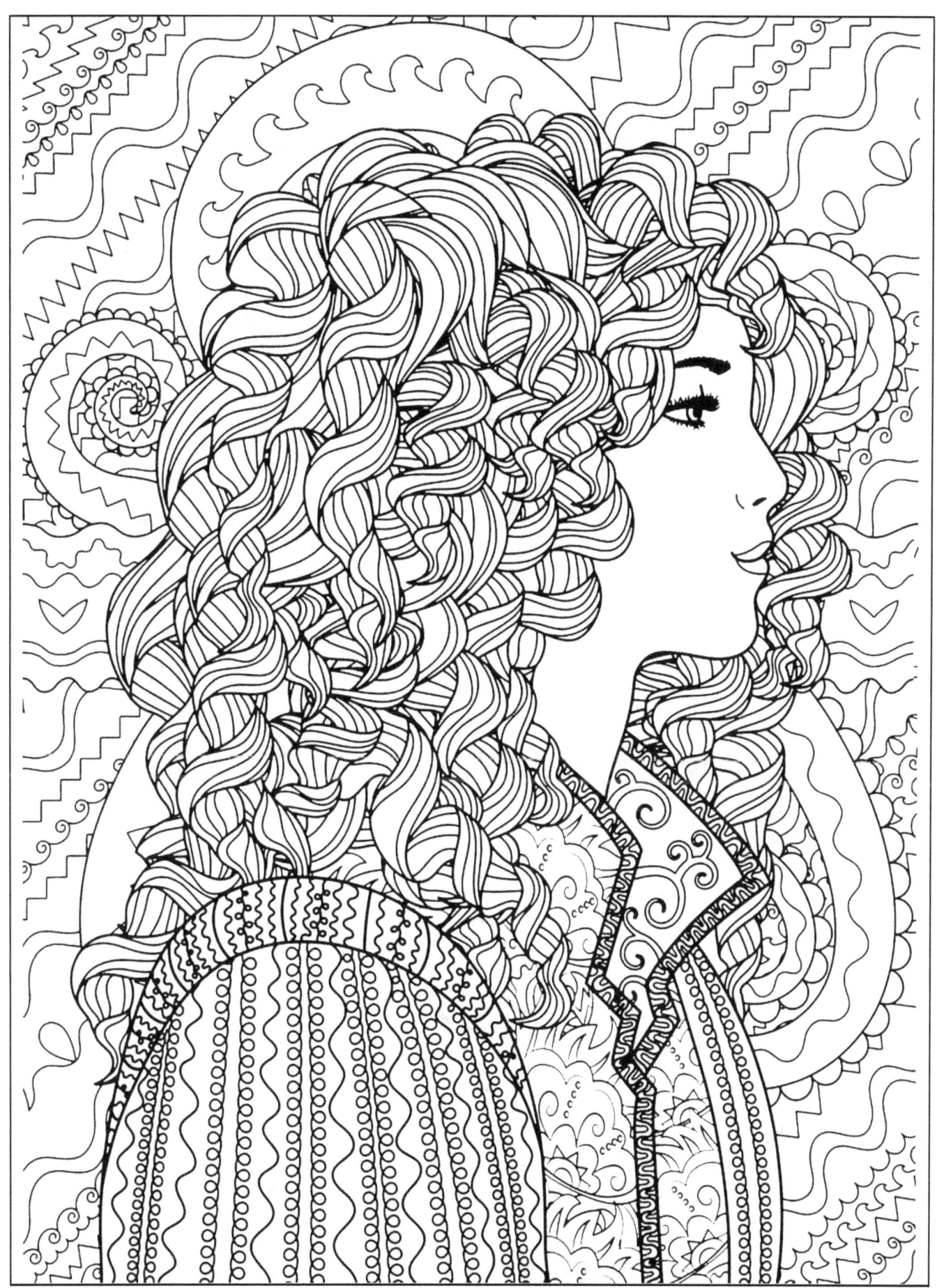

Test Your Color

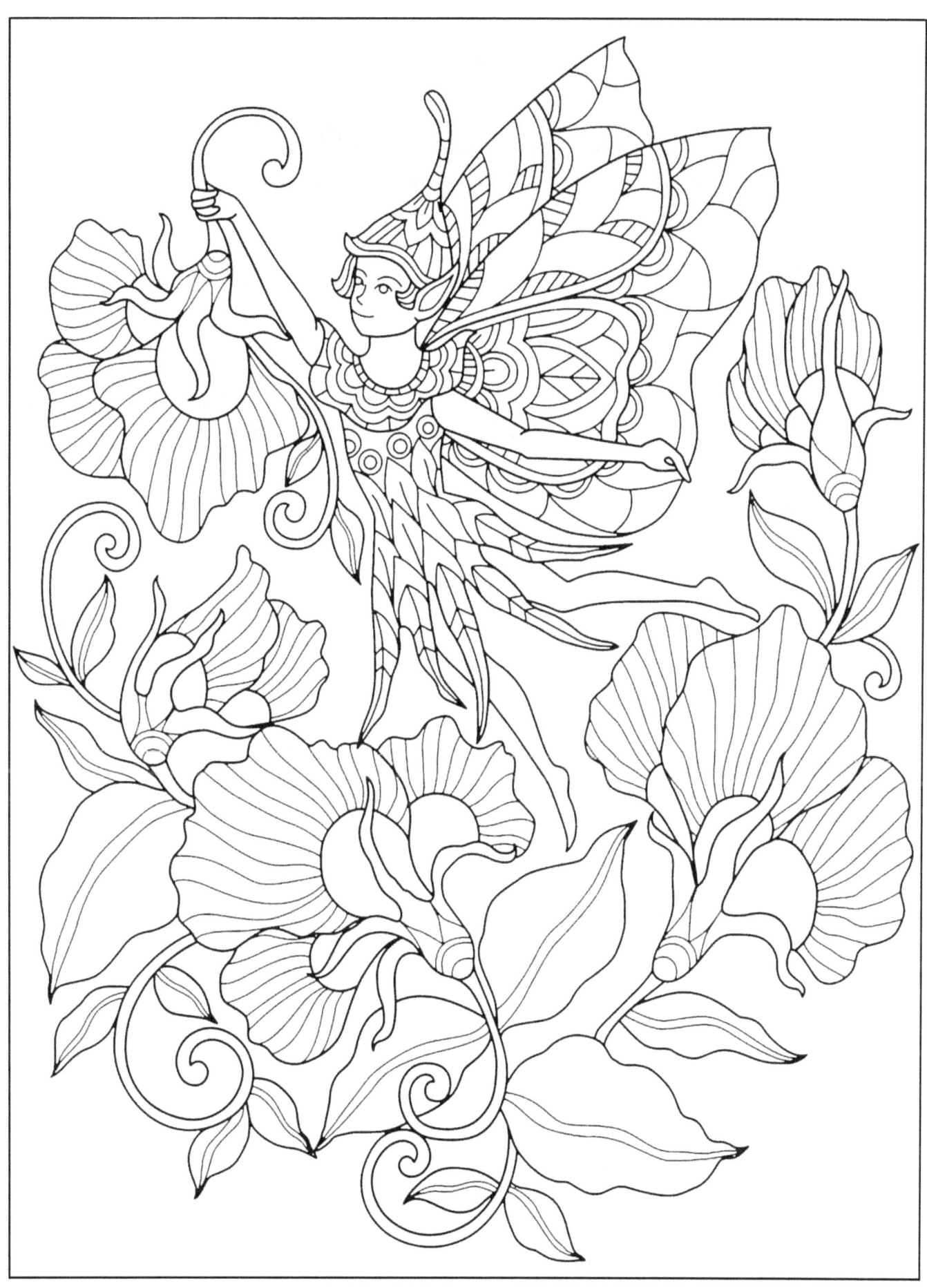

Test Your Color

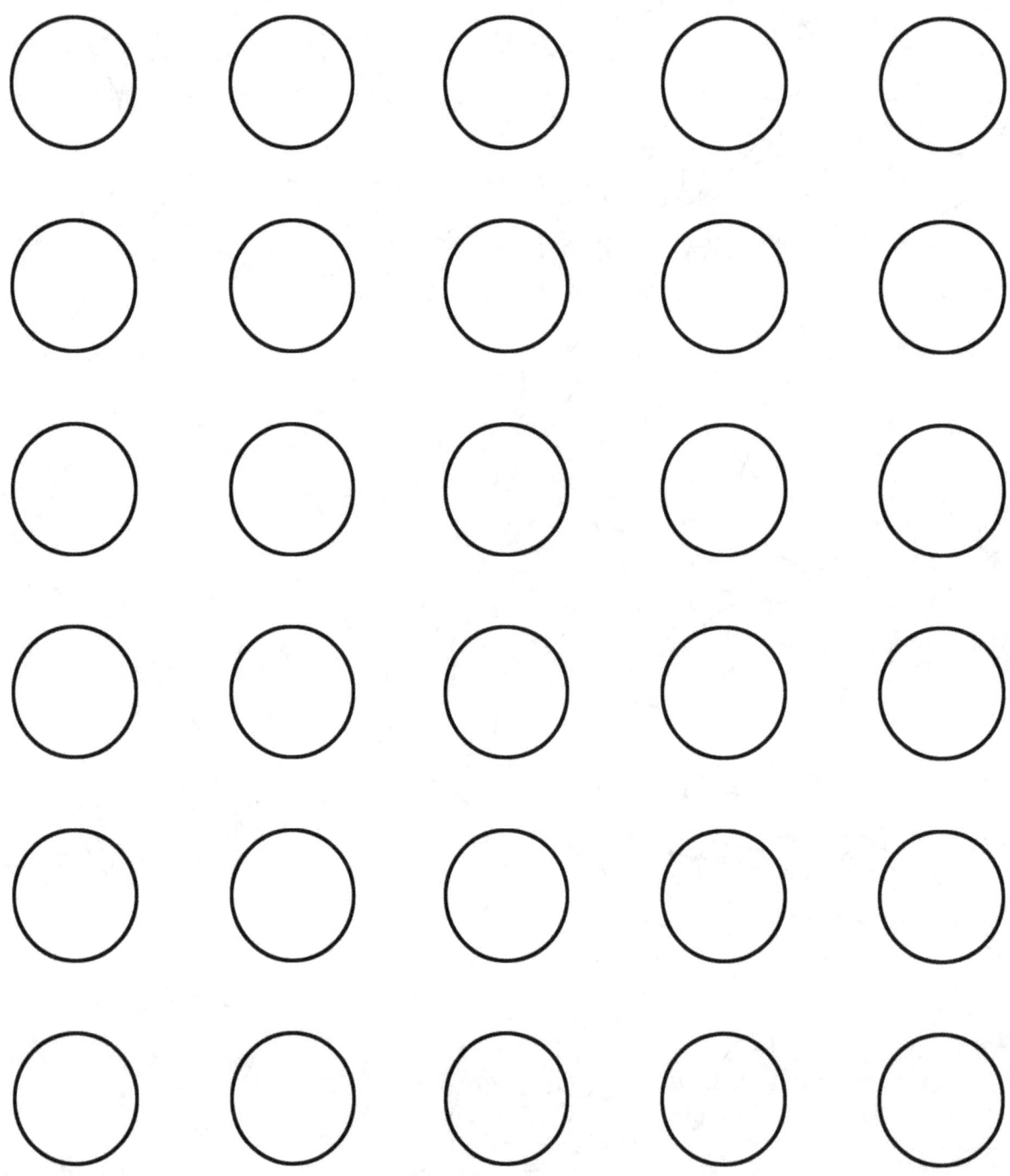

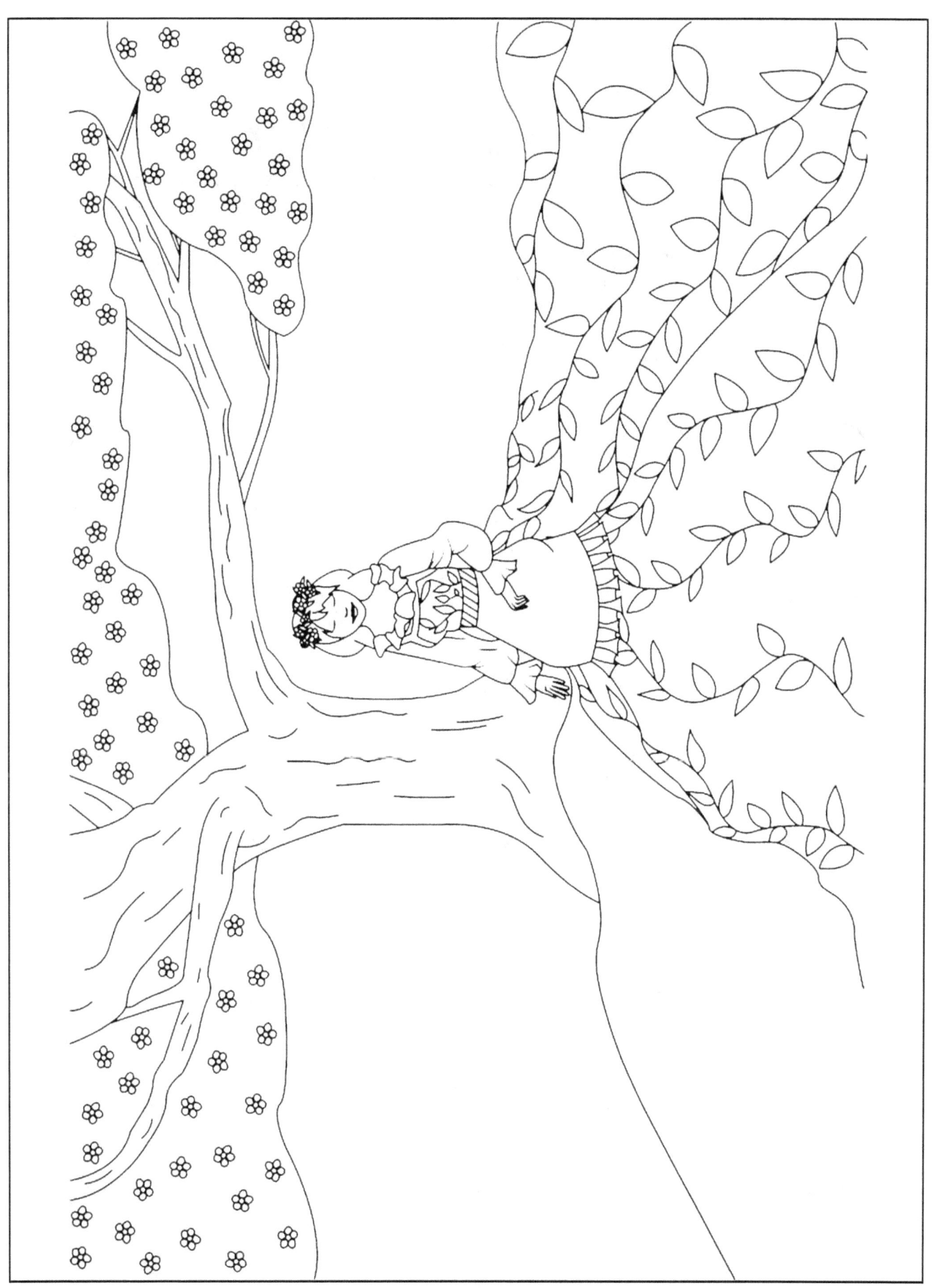

Test Your Color

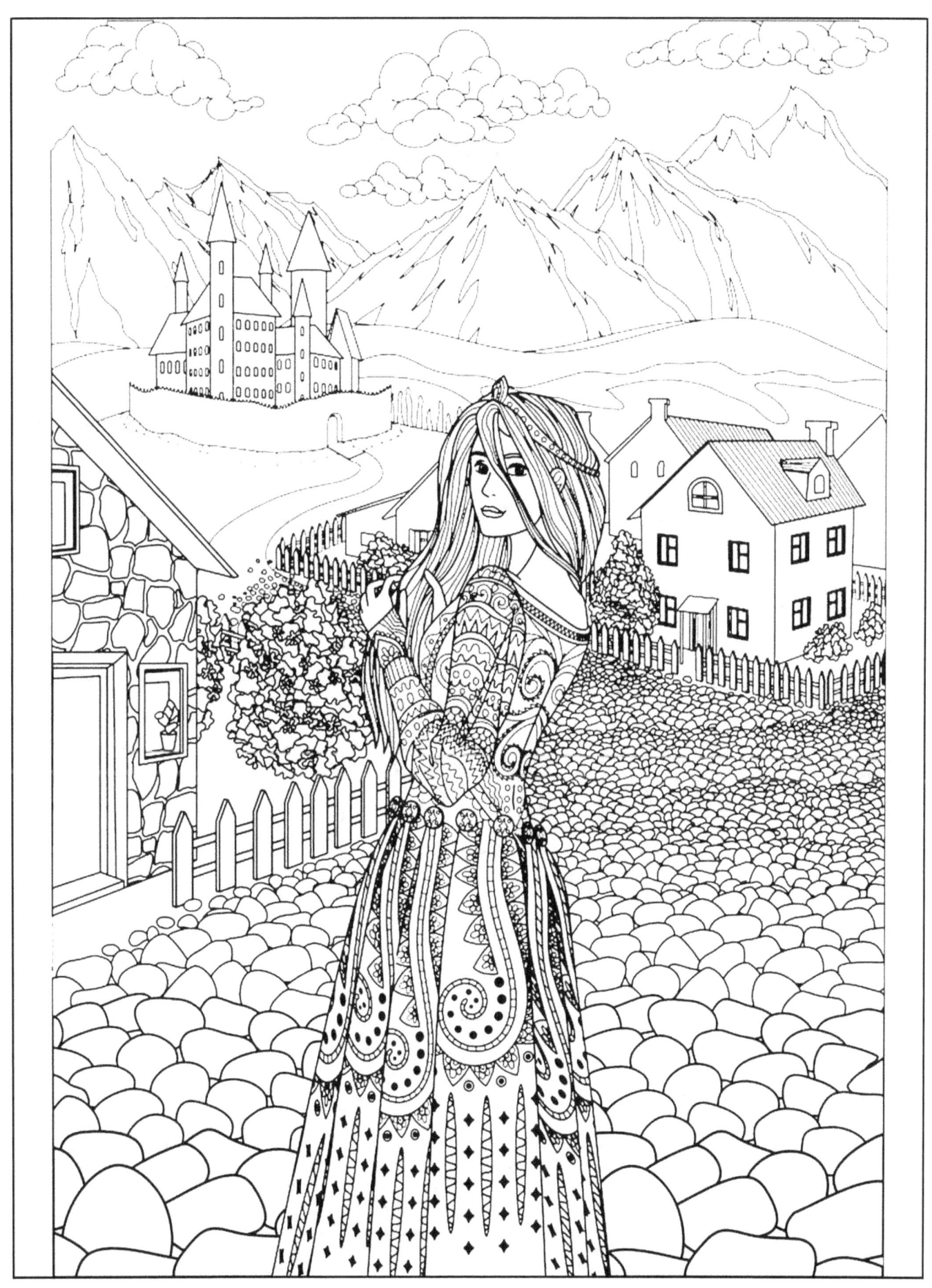

Test Your Color

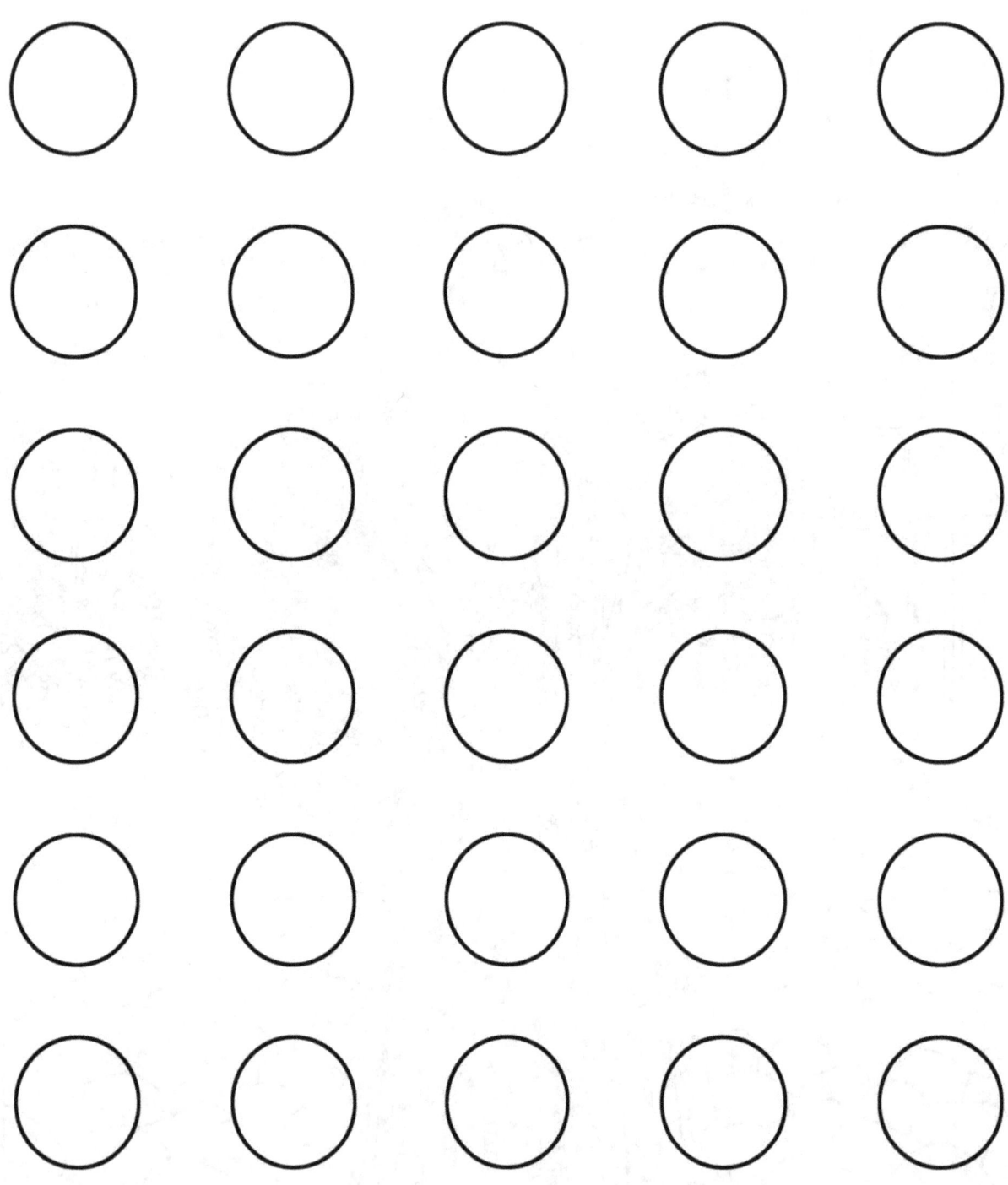

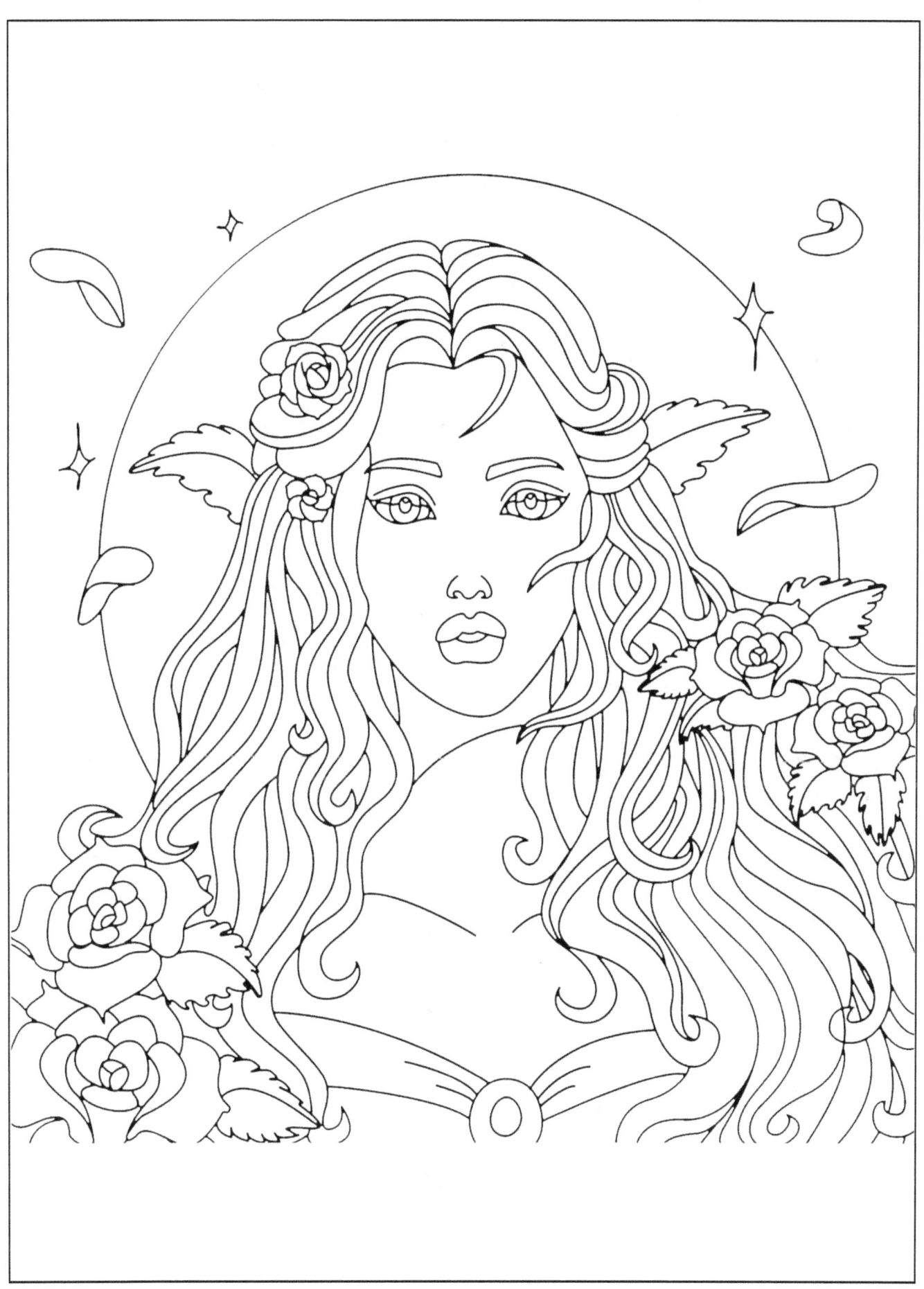

Test Your Color

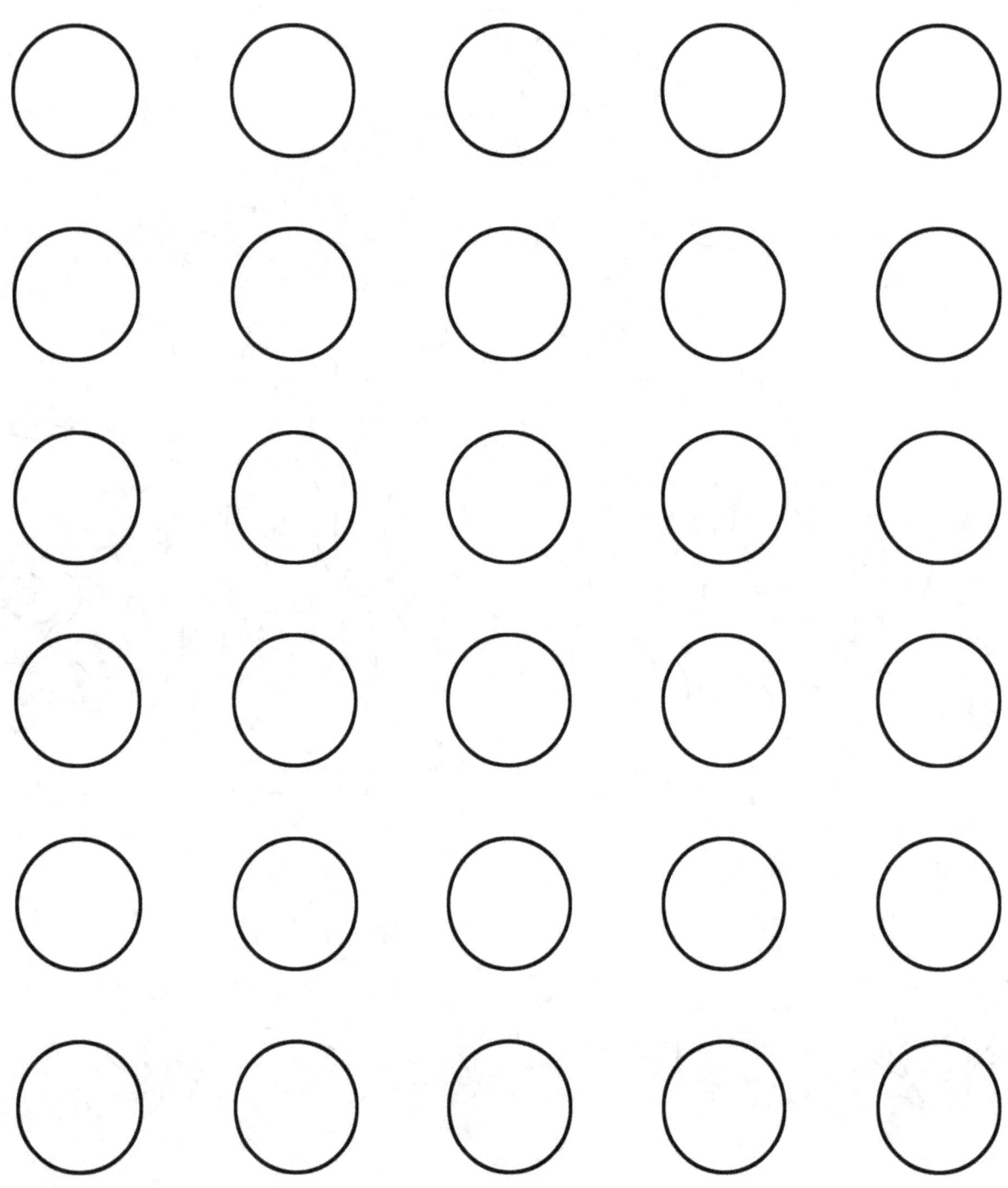

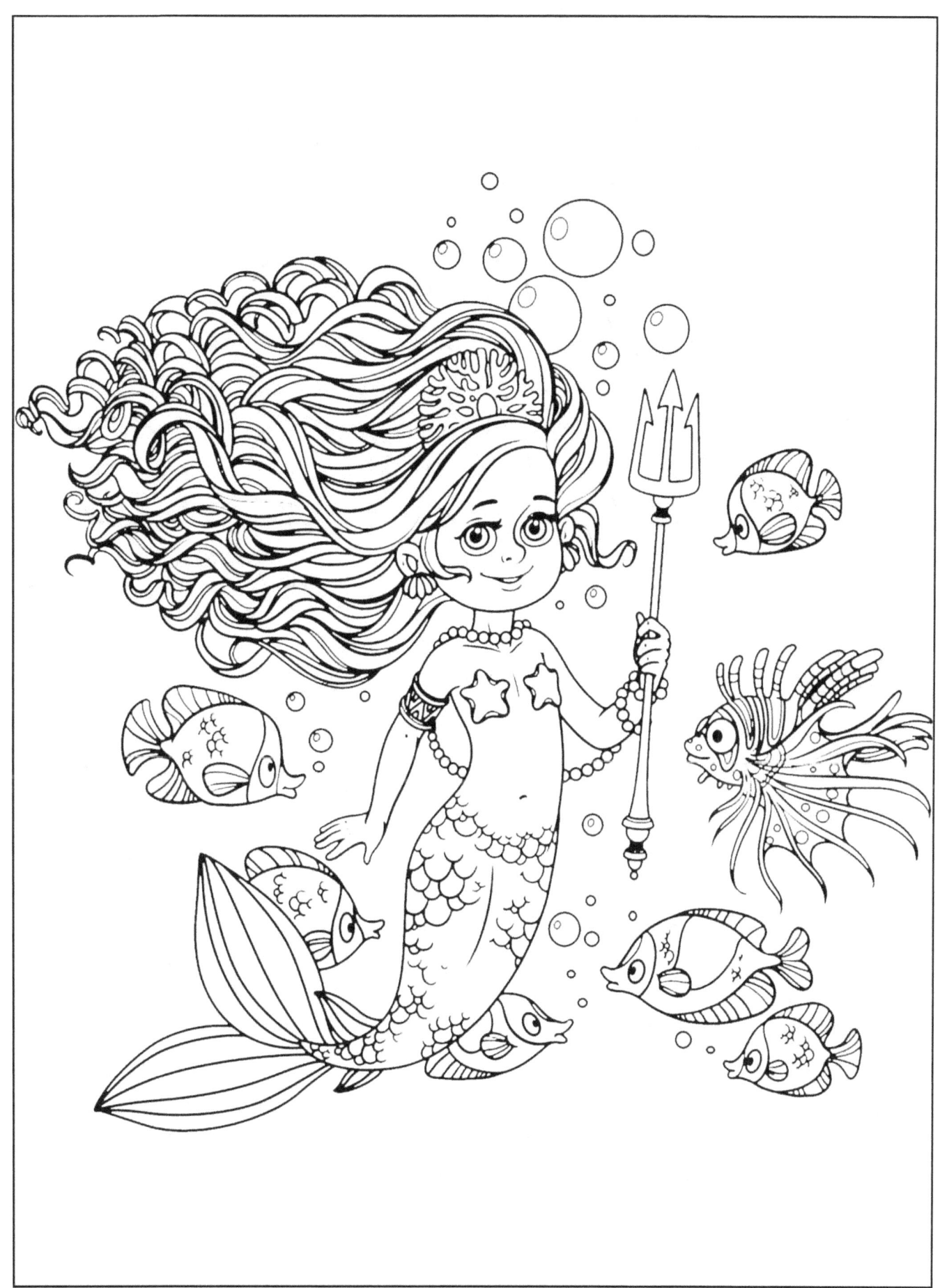

Test Your Color

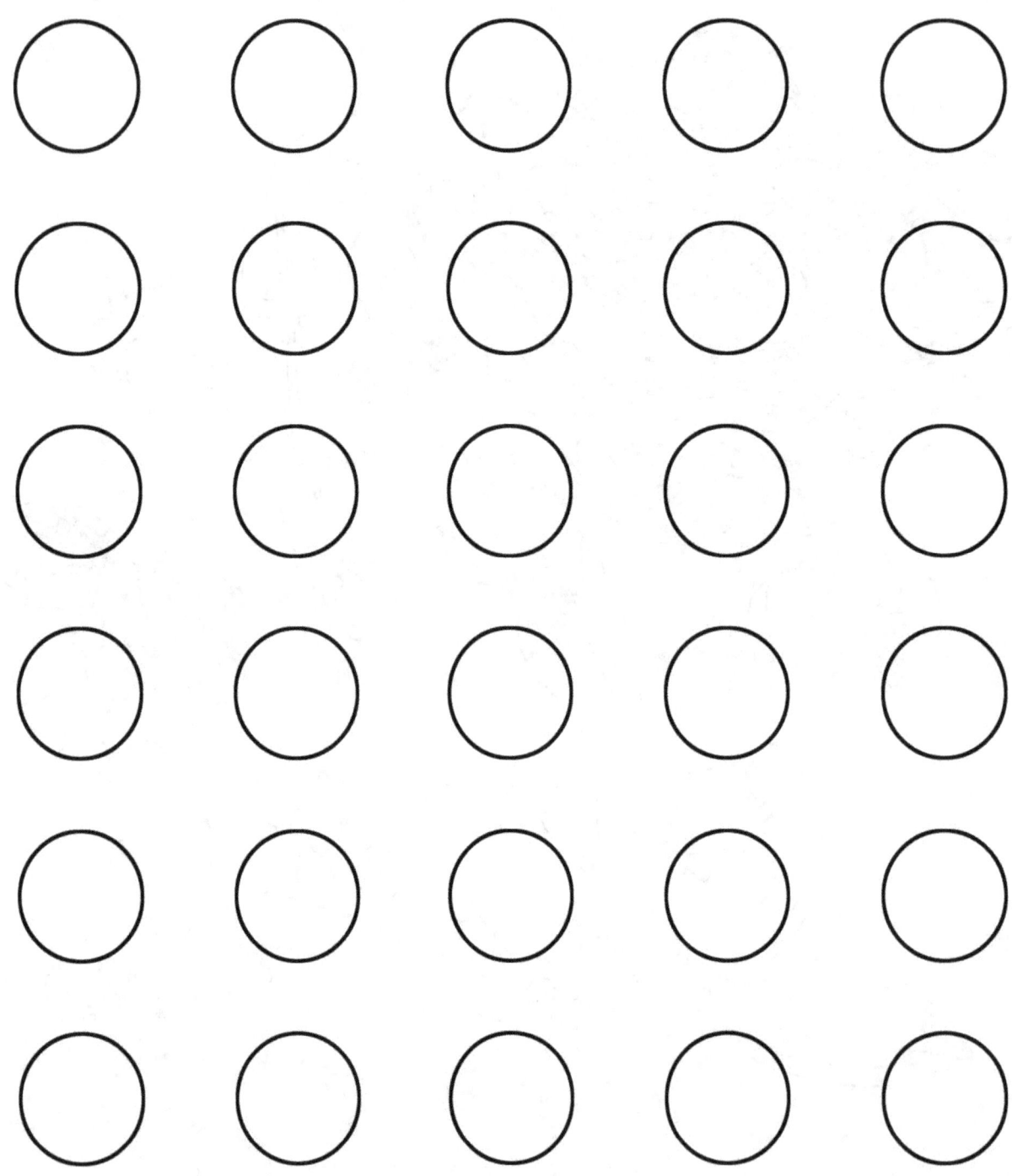

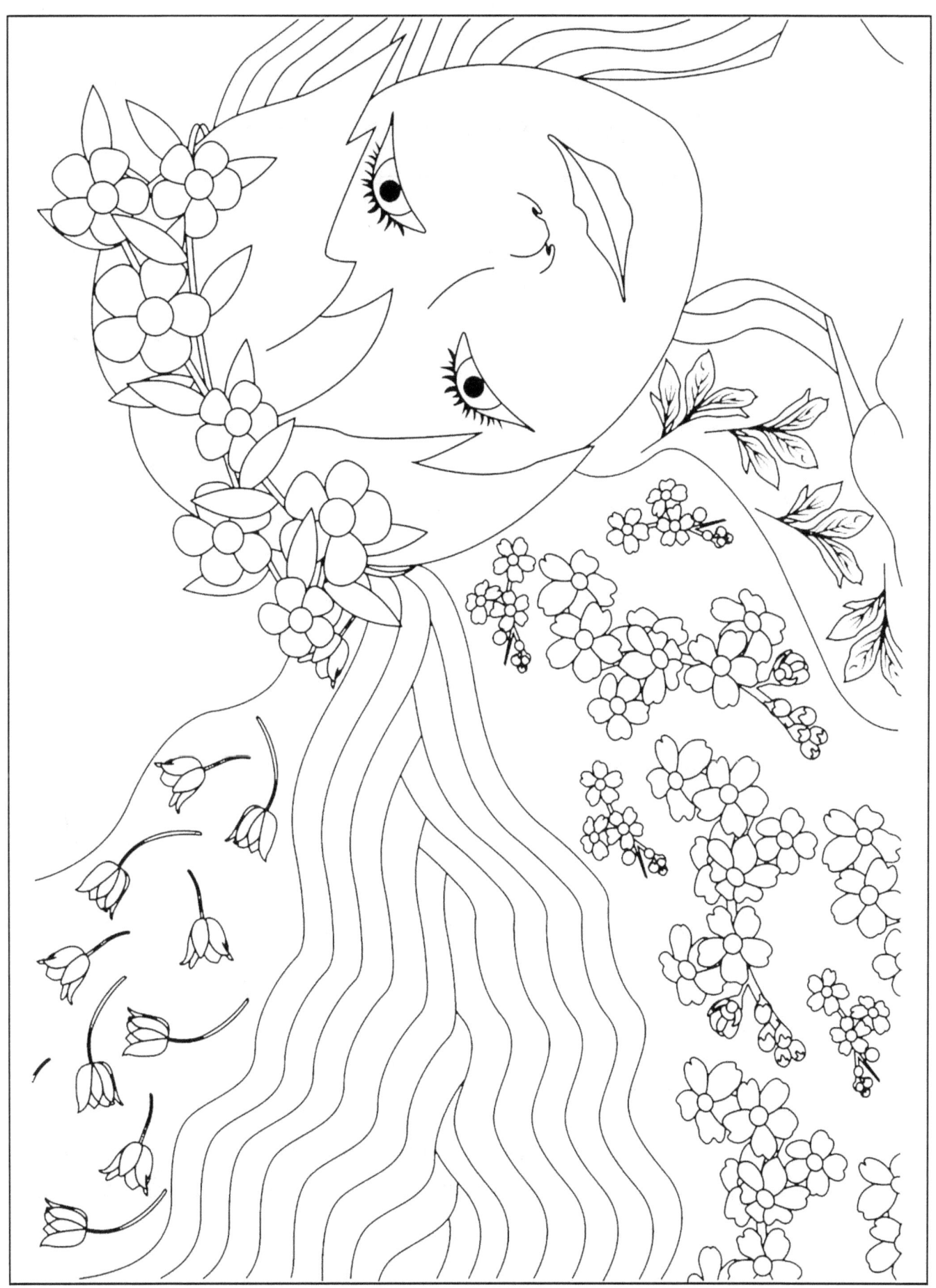

Test Your Color

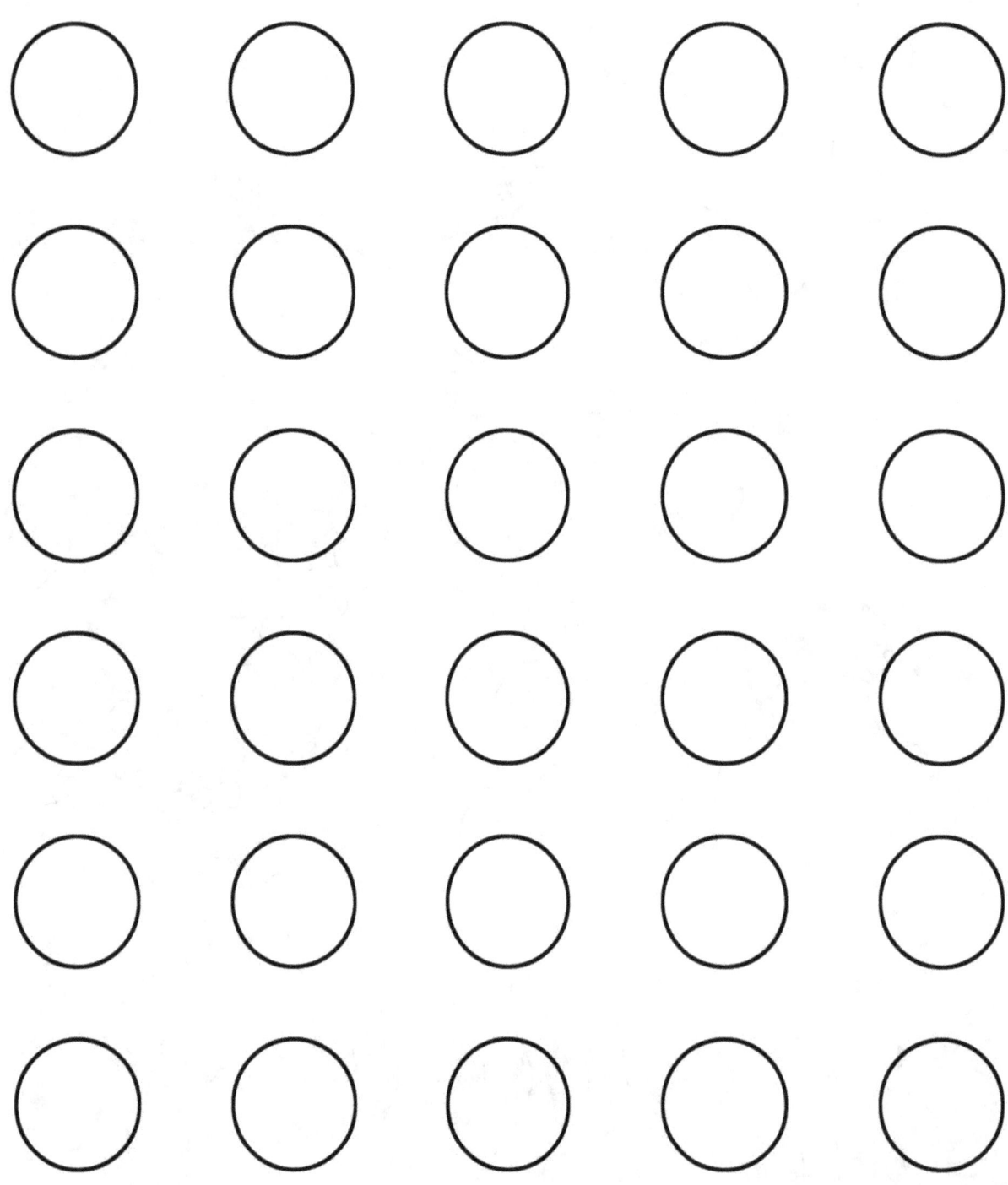

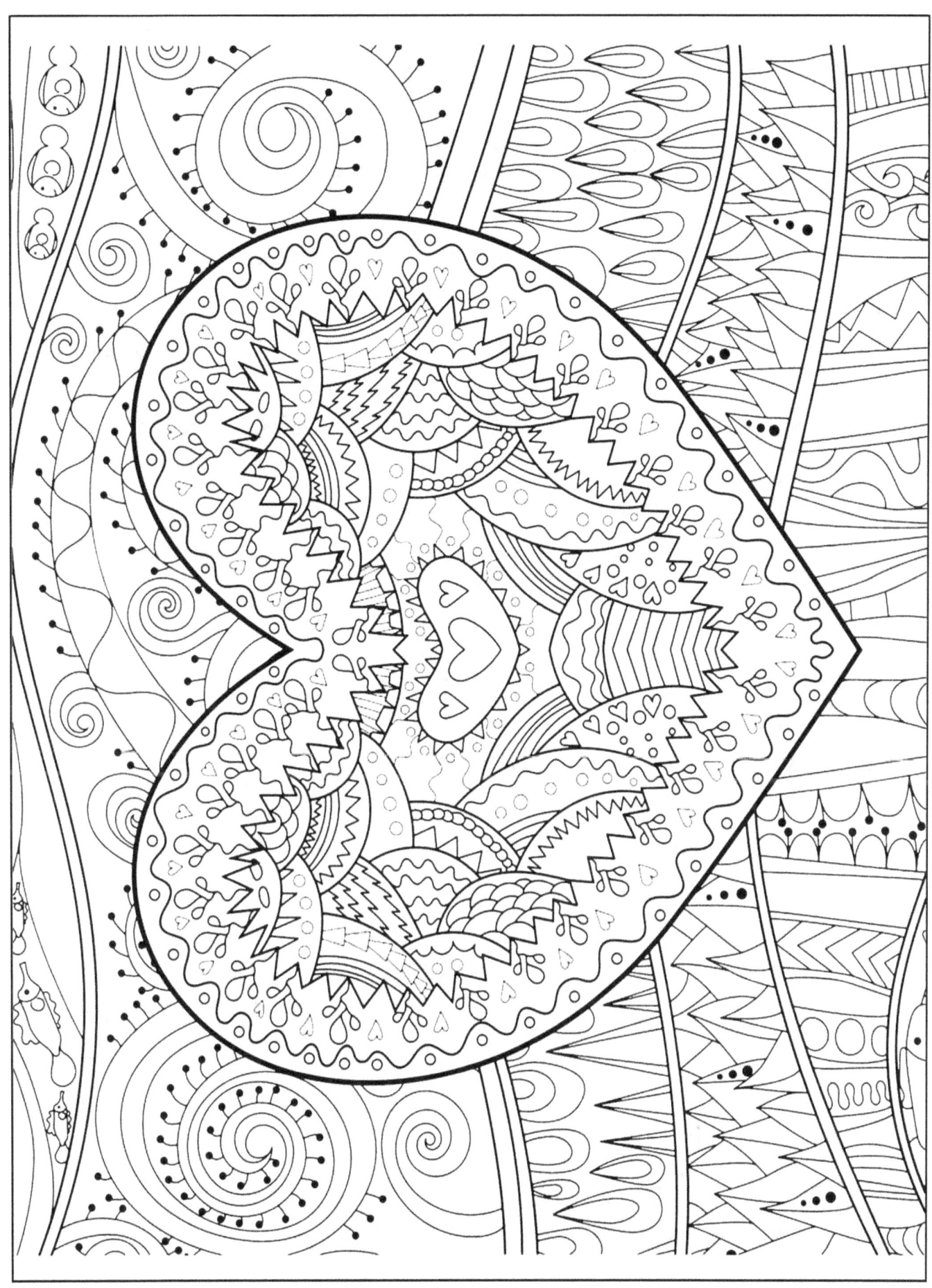

Test Your Color

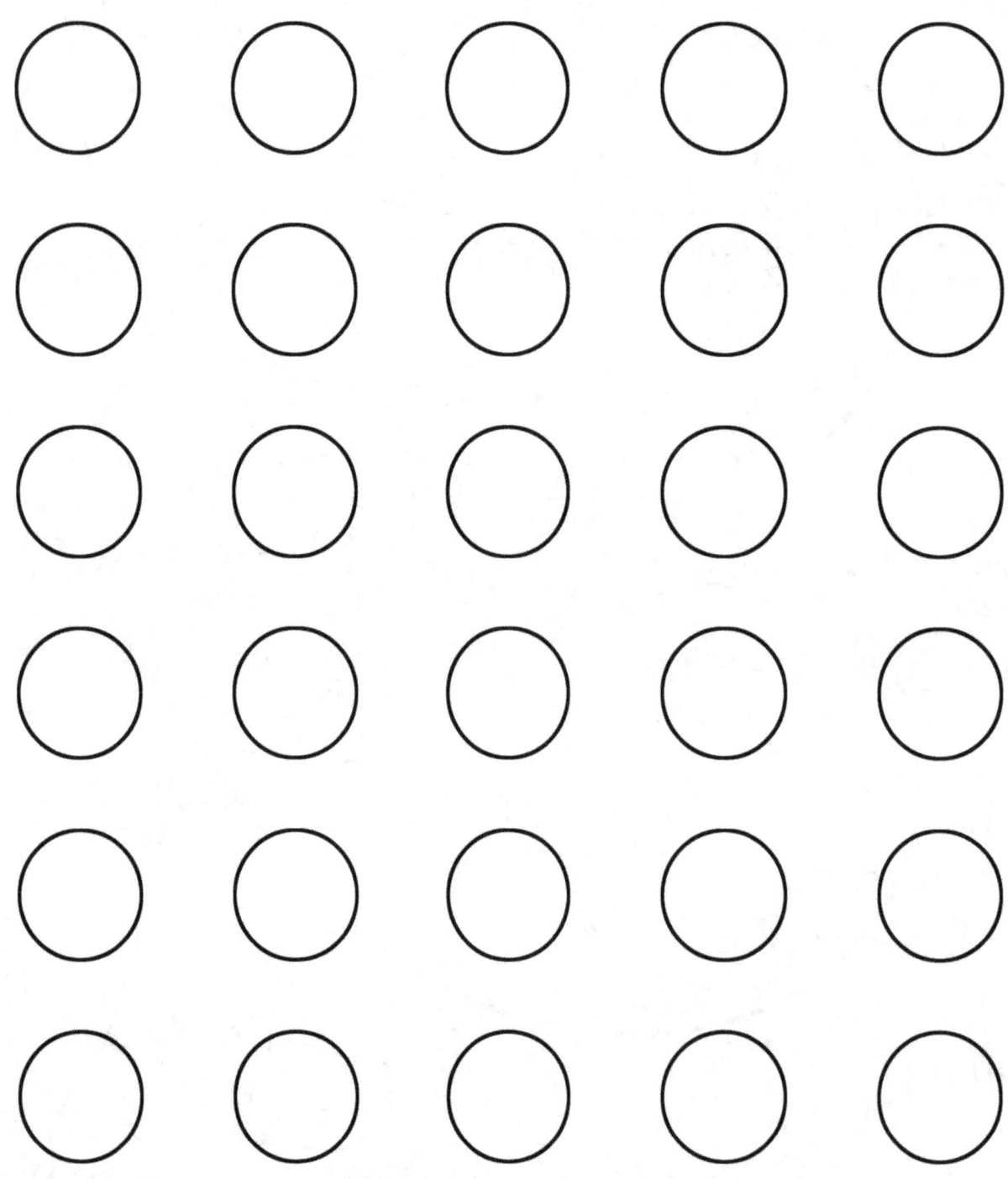

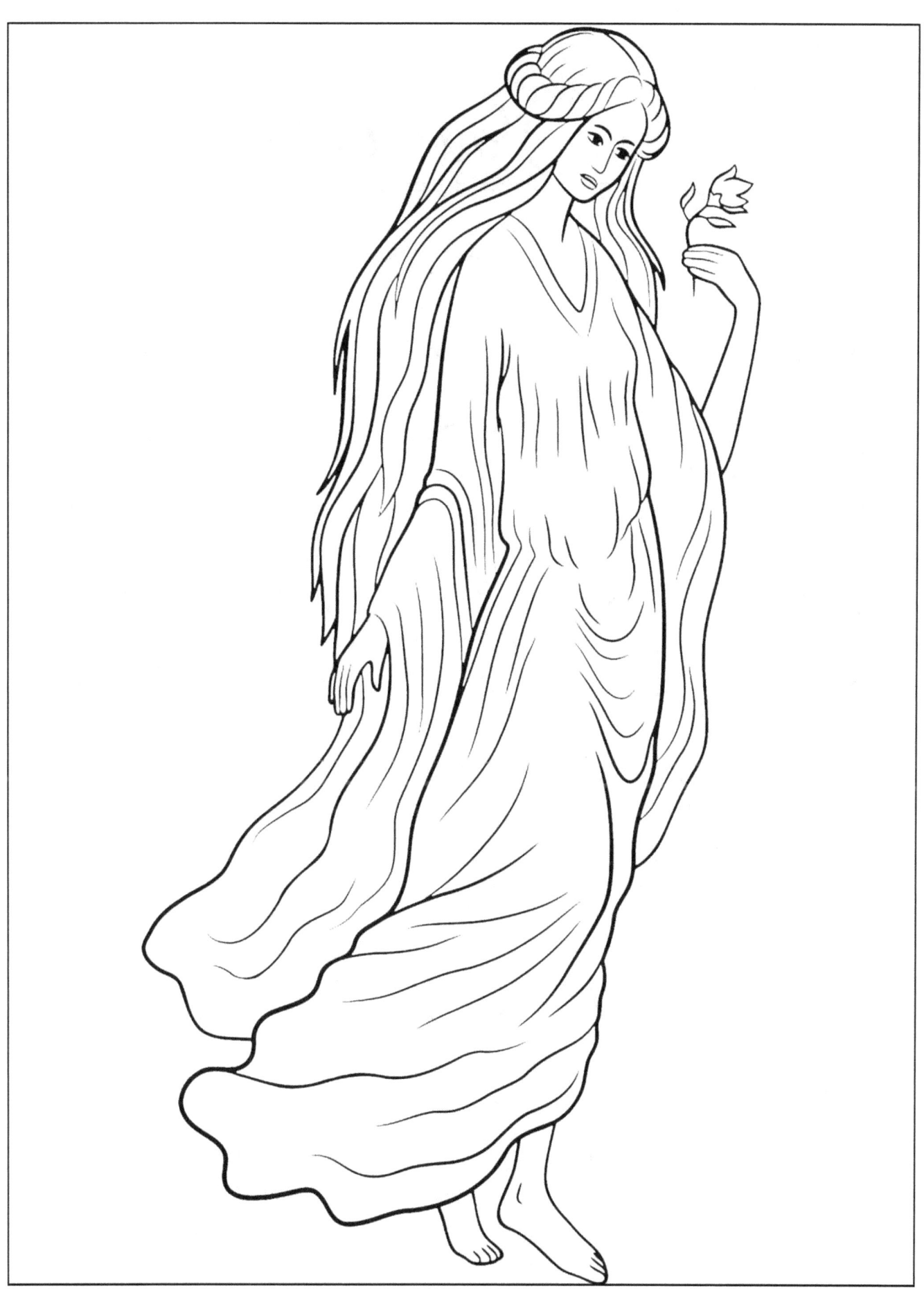

Test Your Color

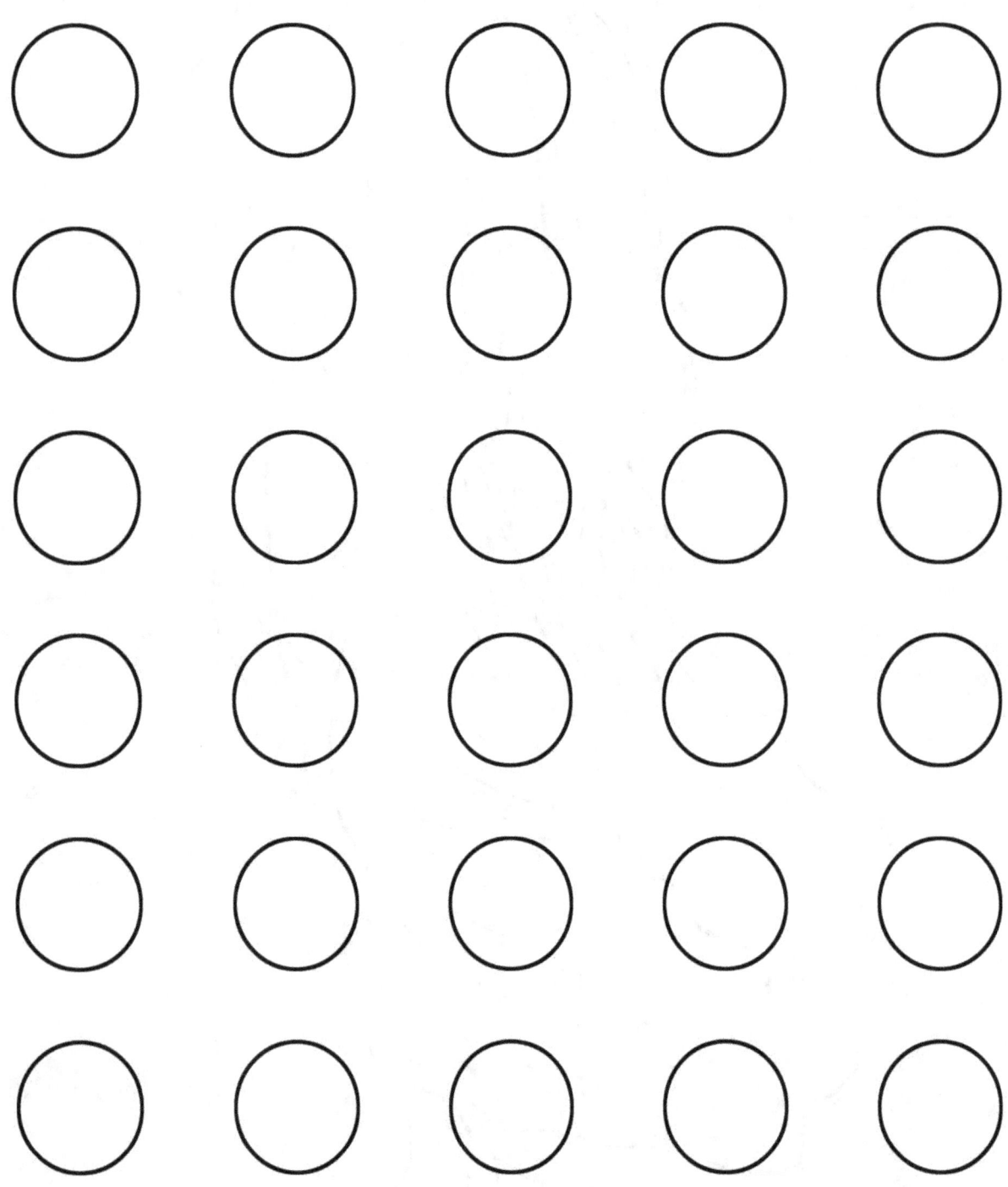

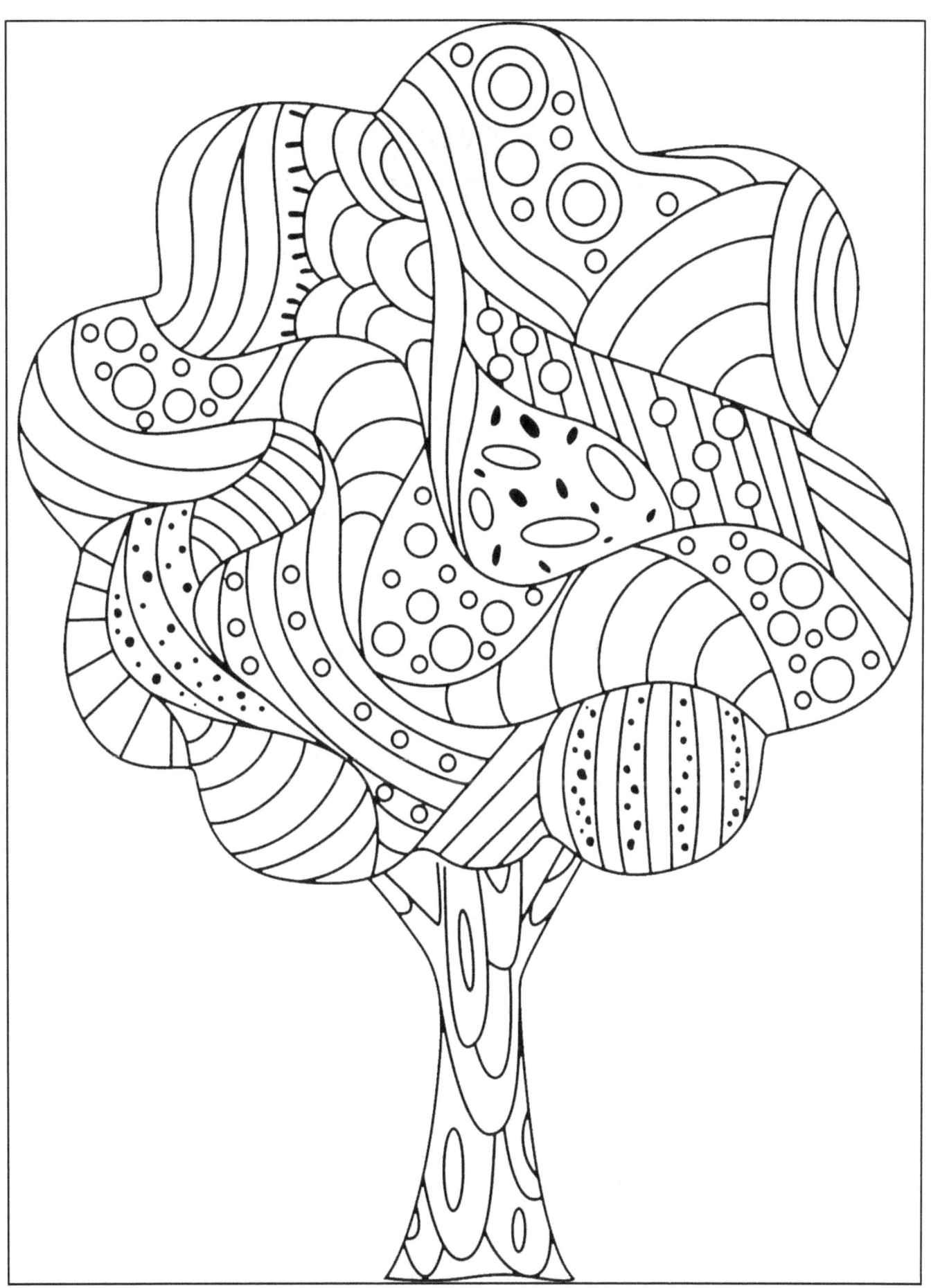

Test Your Color

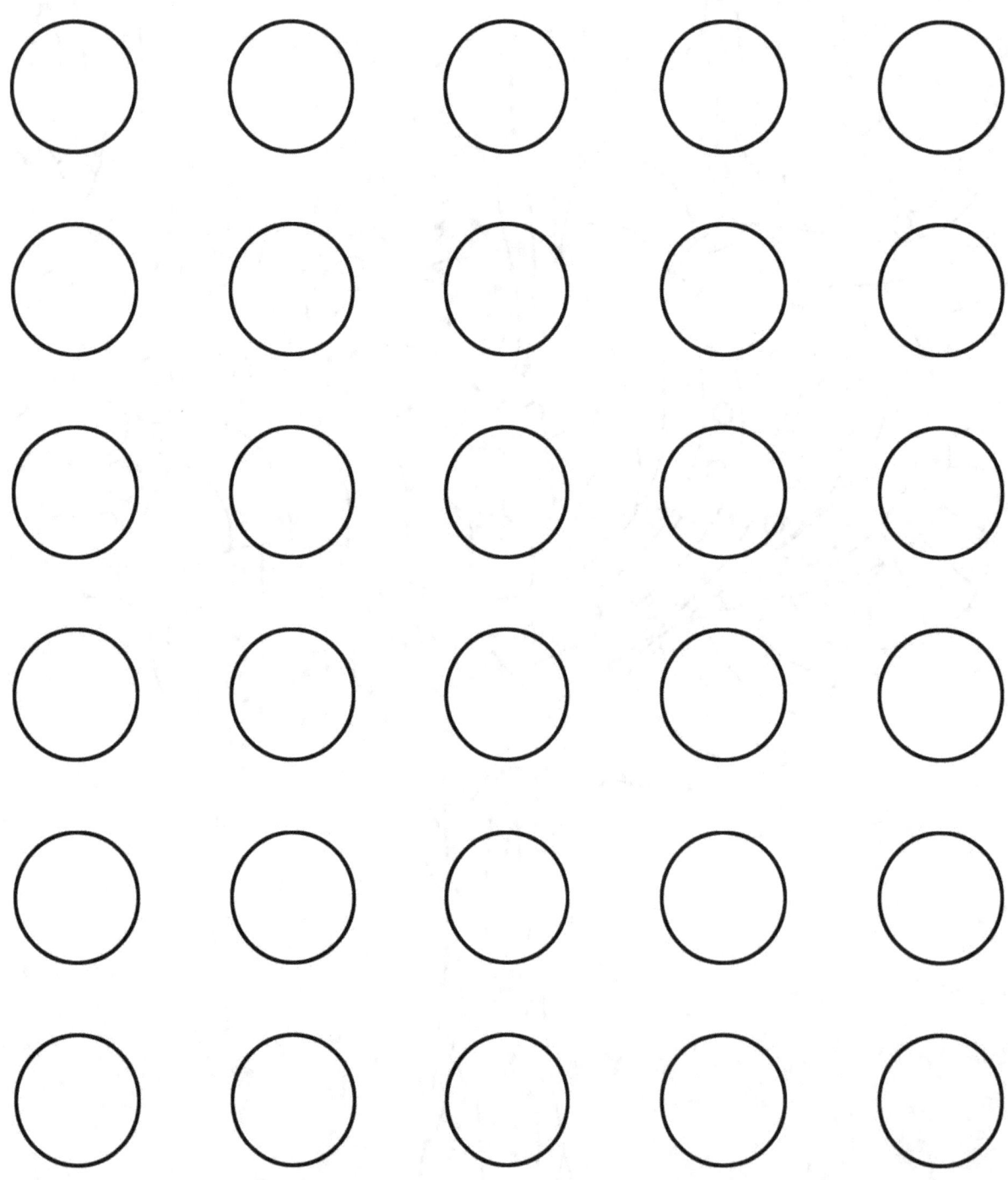

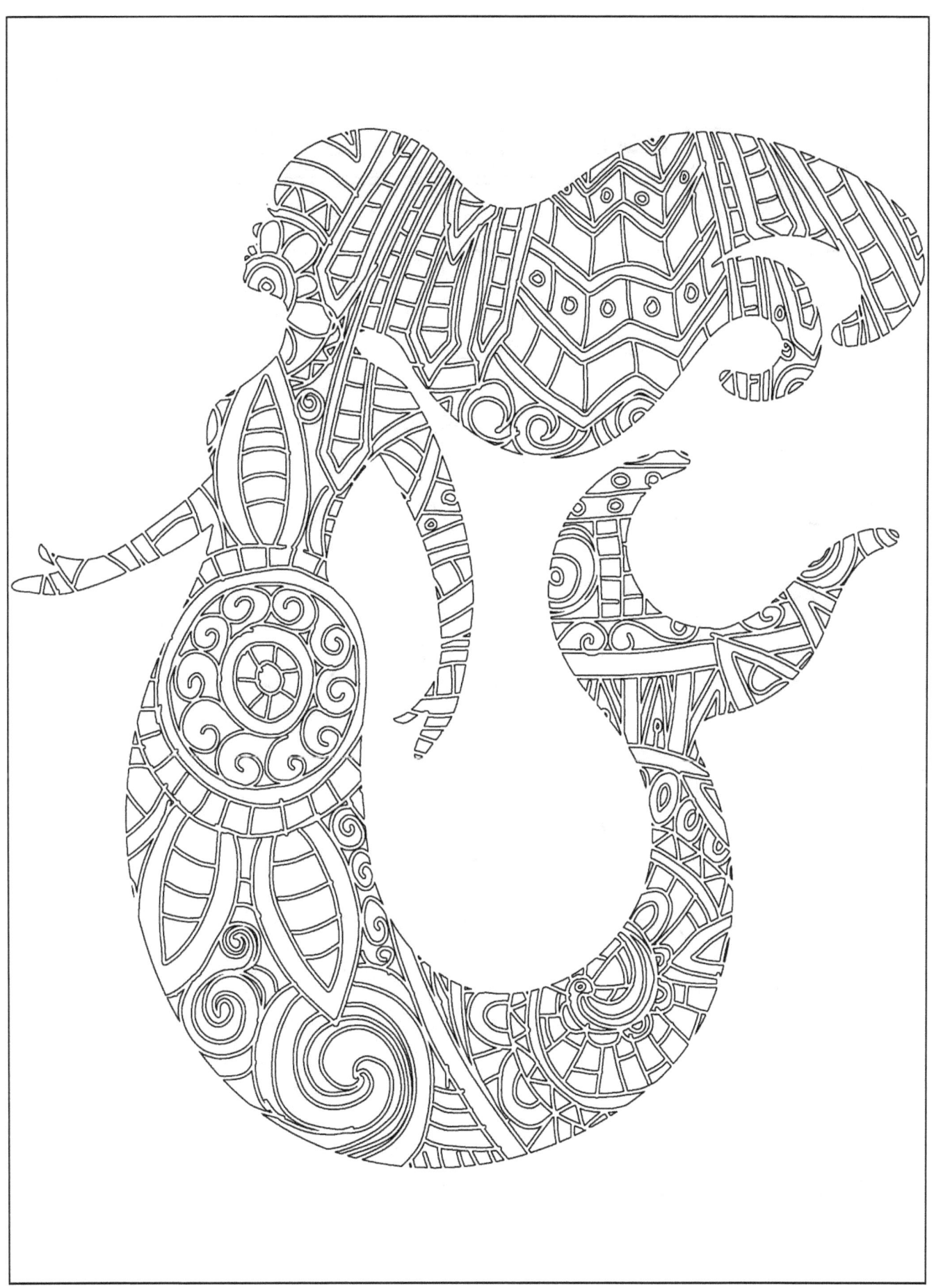

Test Your Color

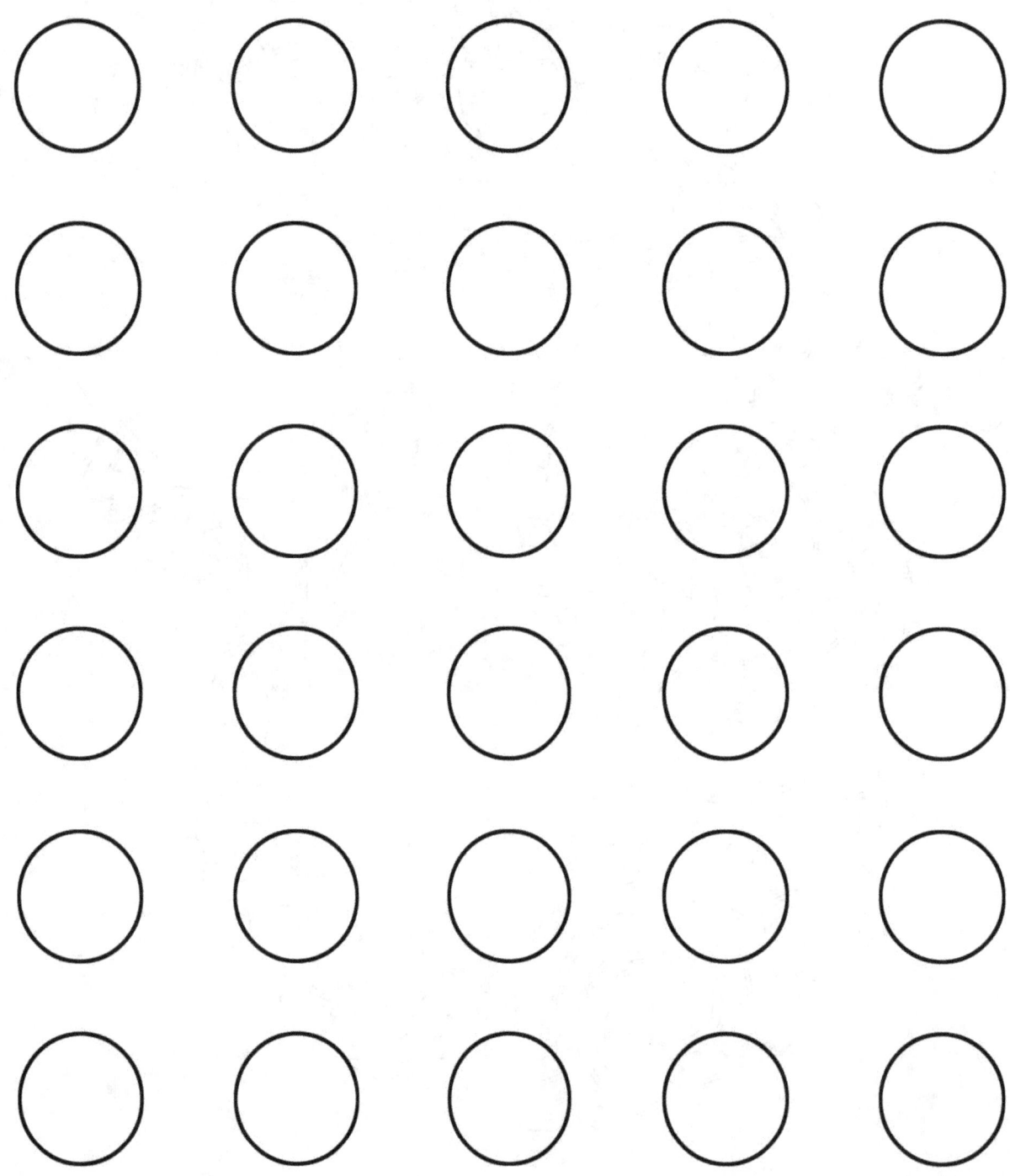

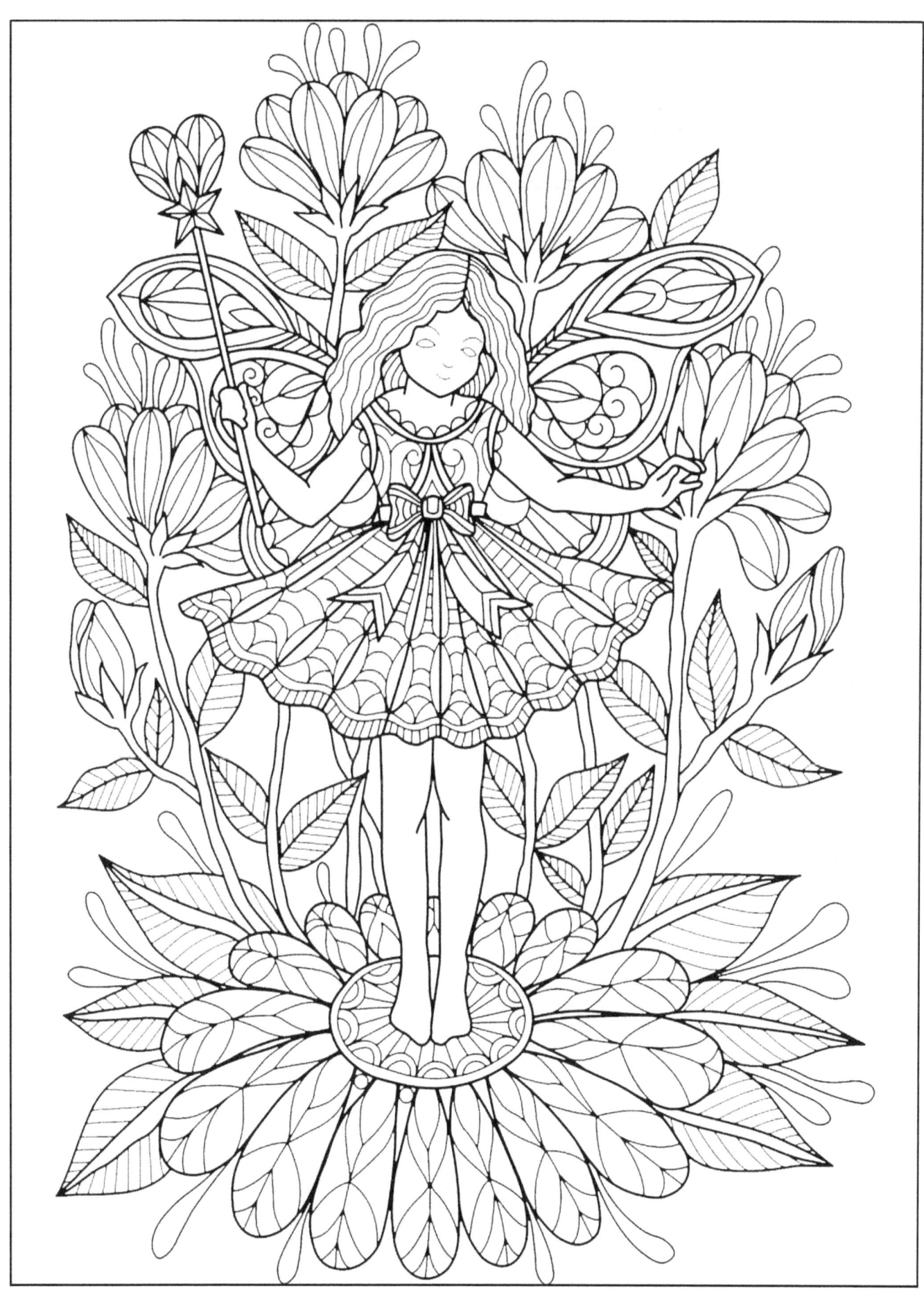

Test Your Color

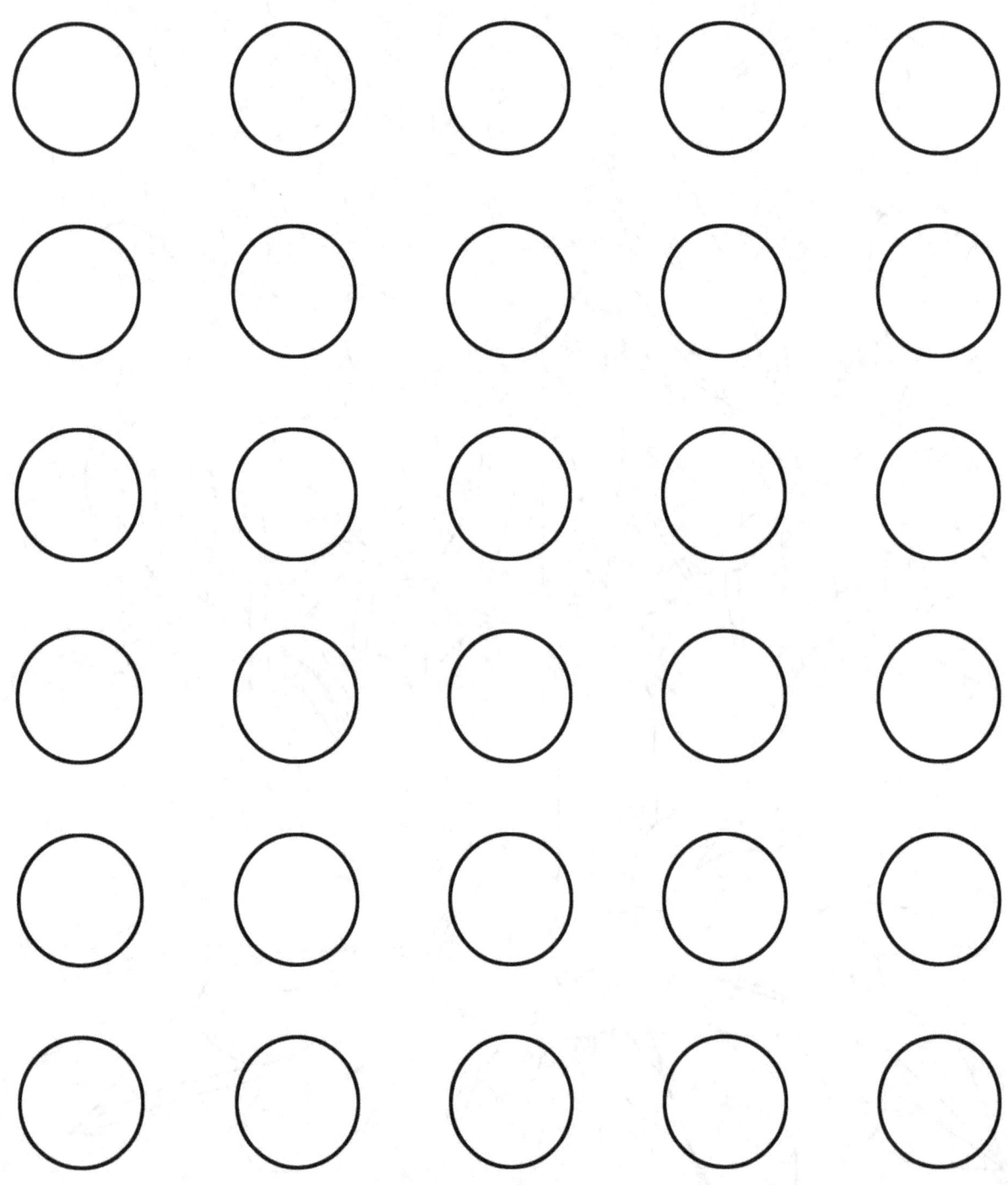

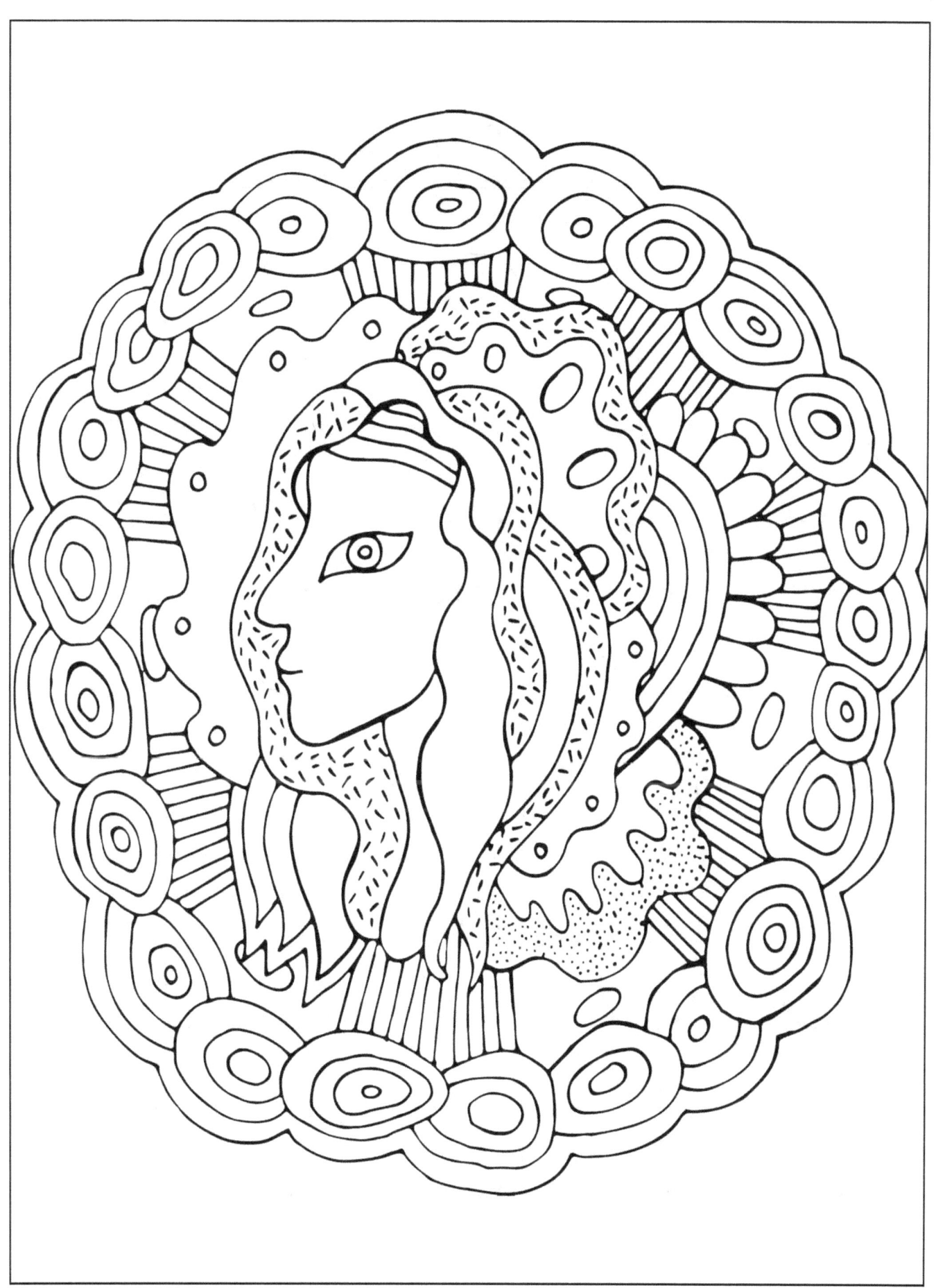

Test Your Color

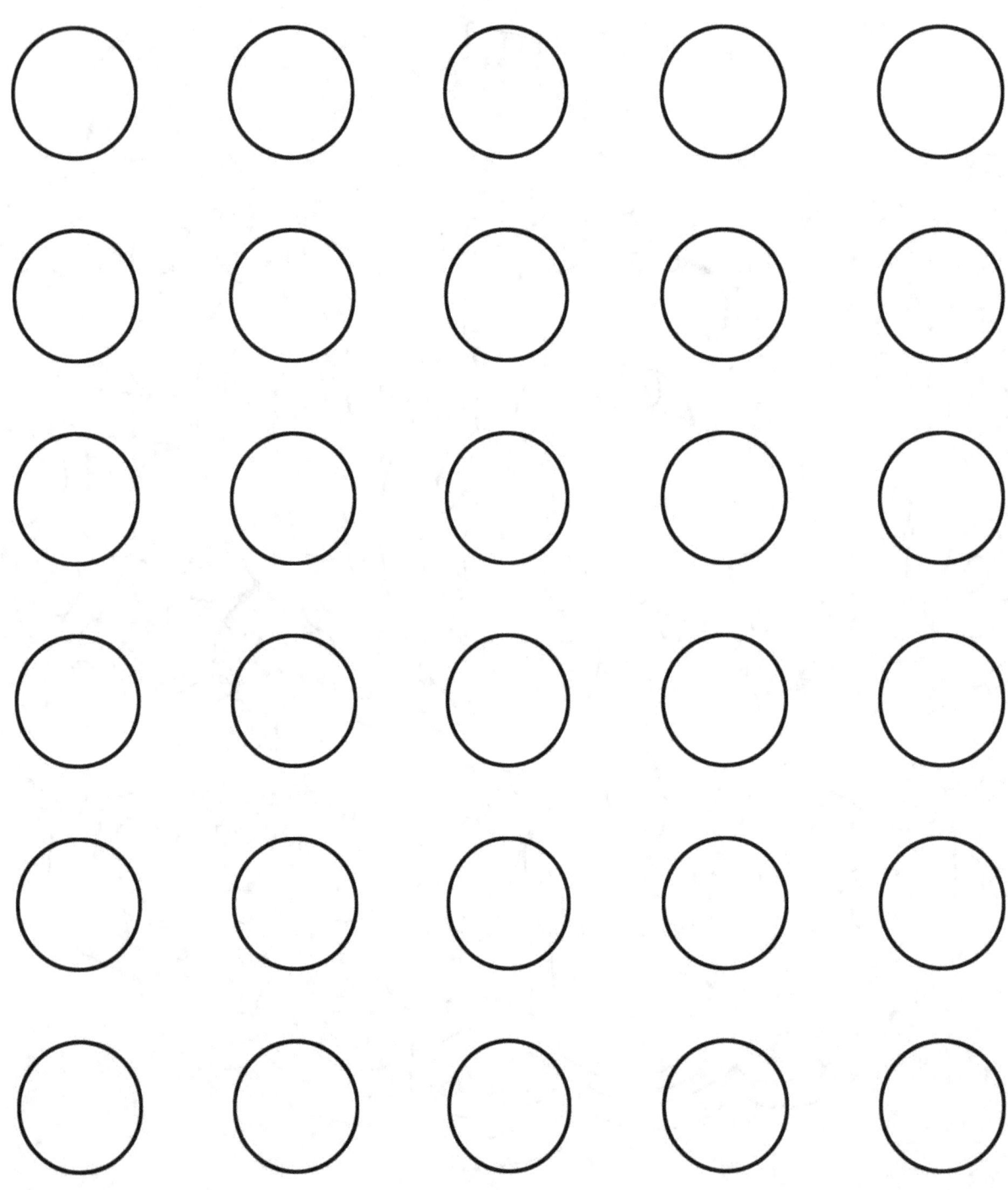

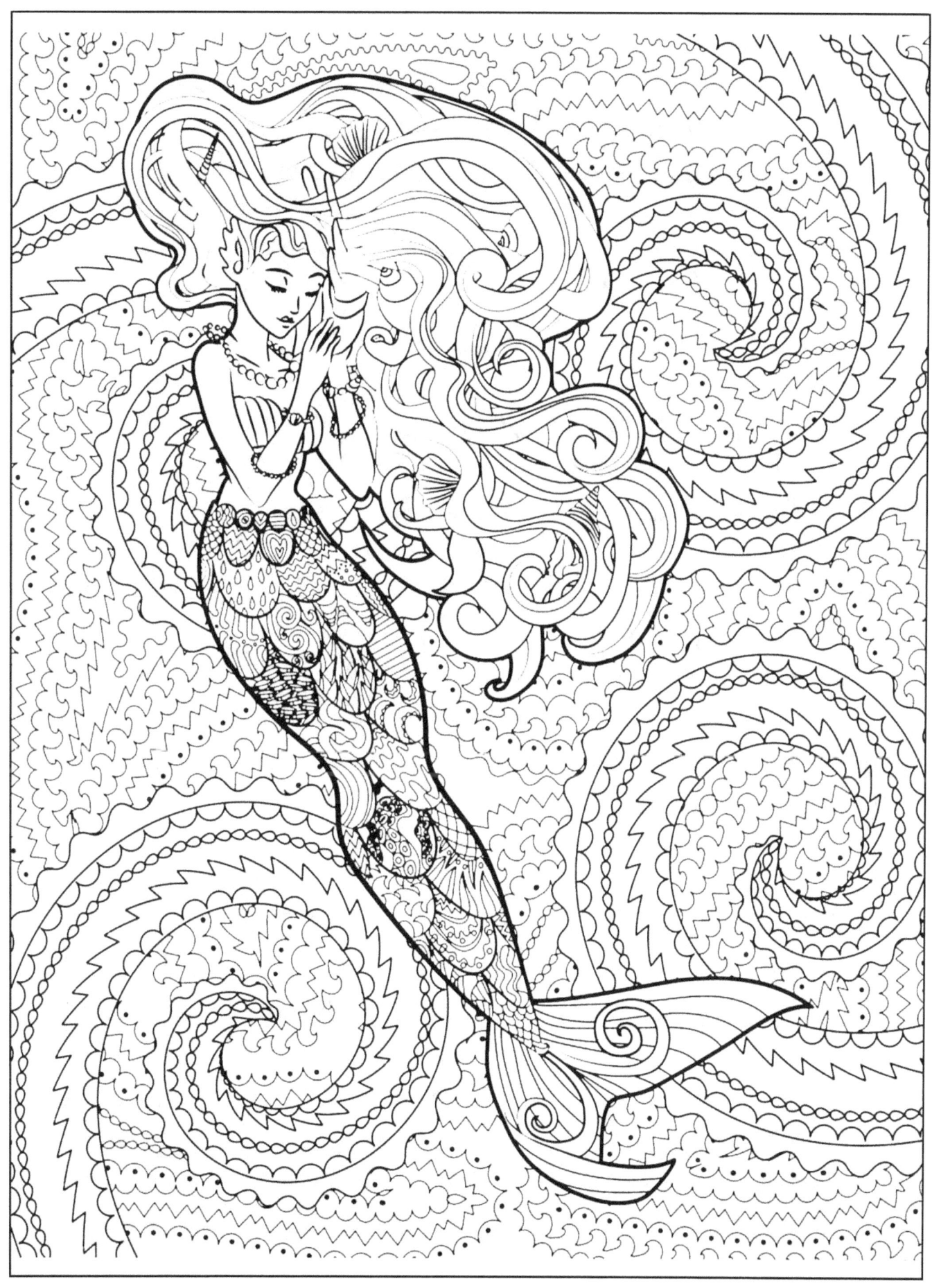

Test Your Color

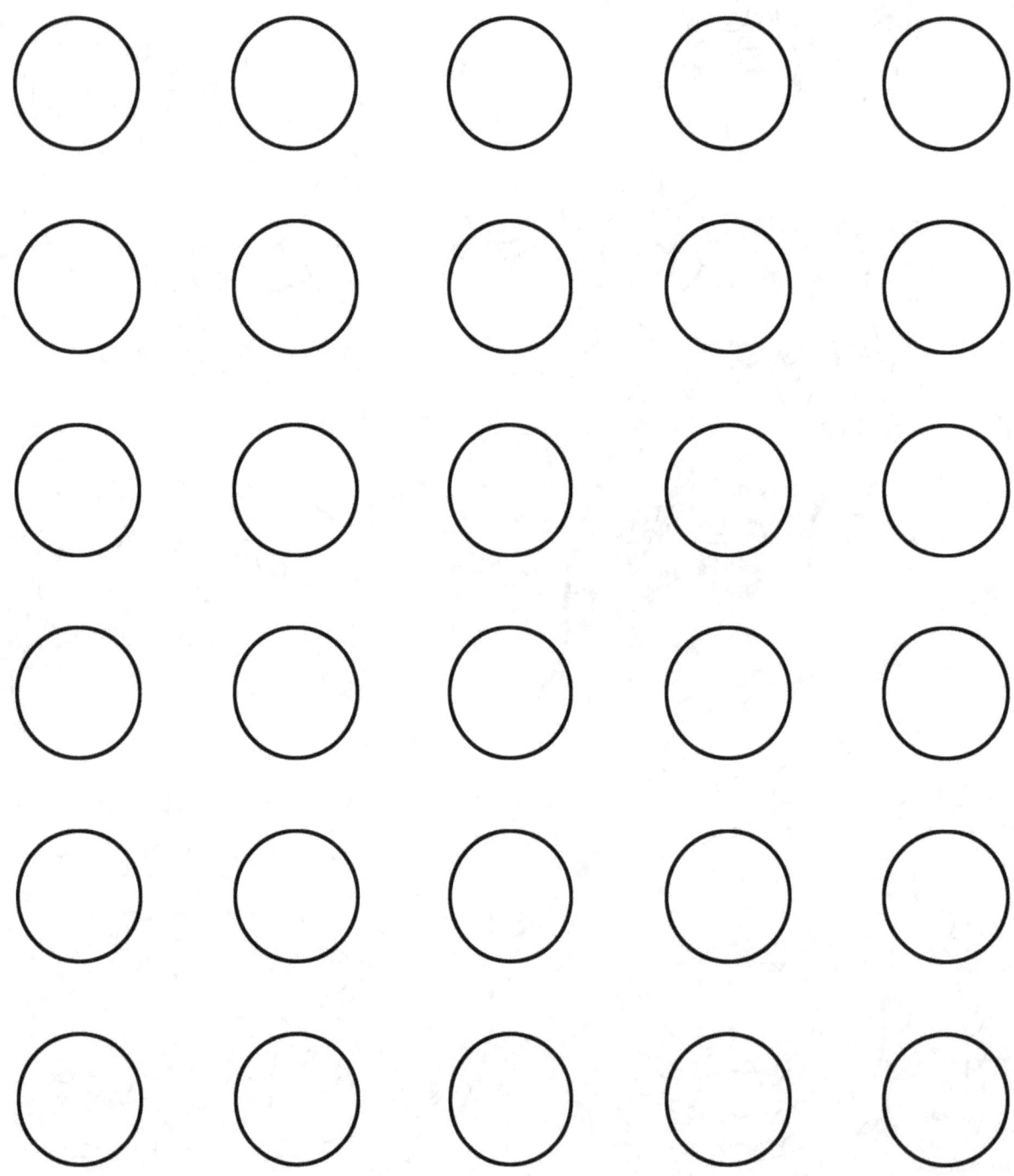

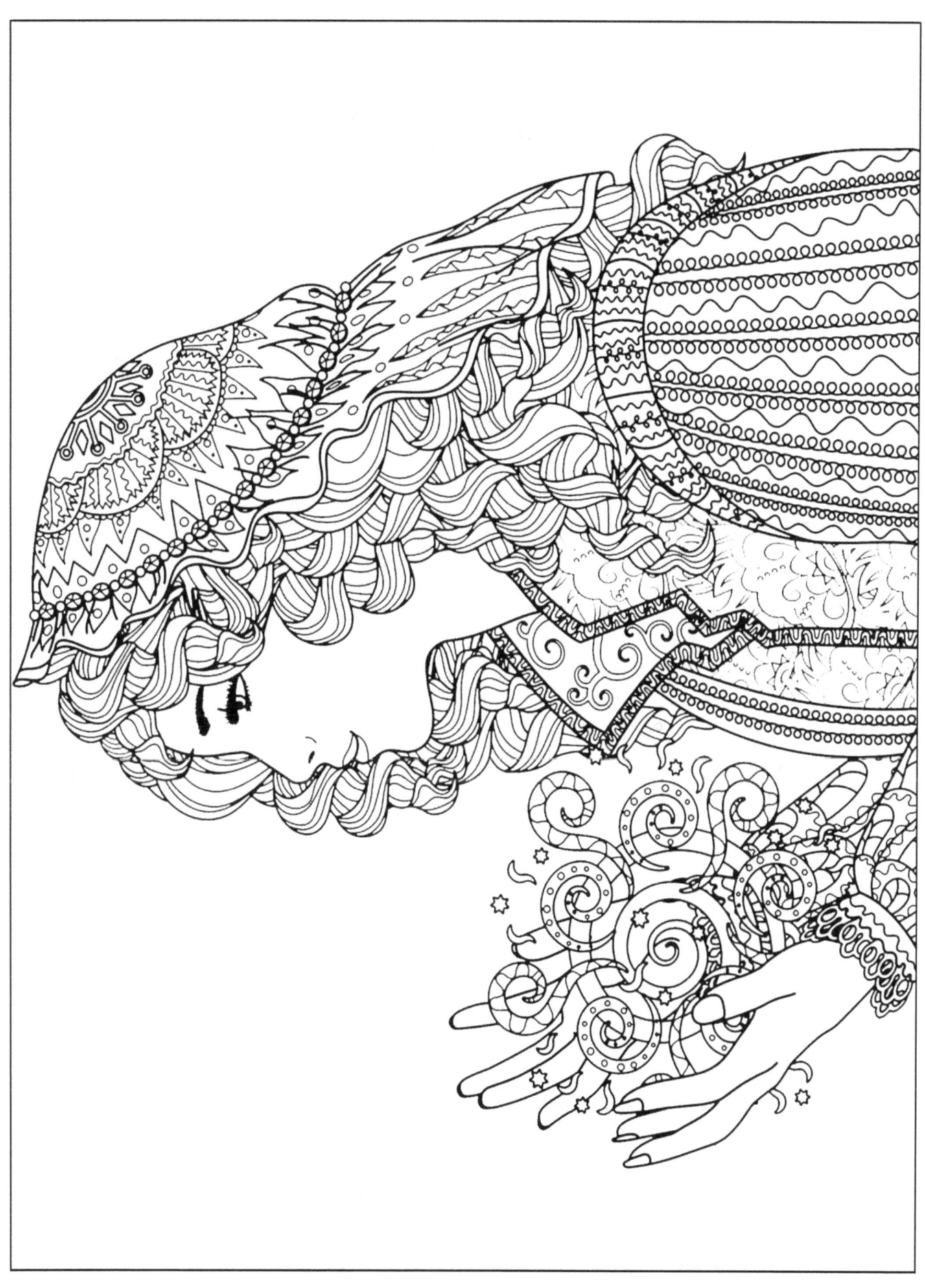

Test Your Color

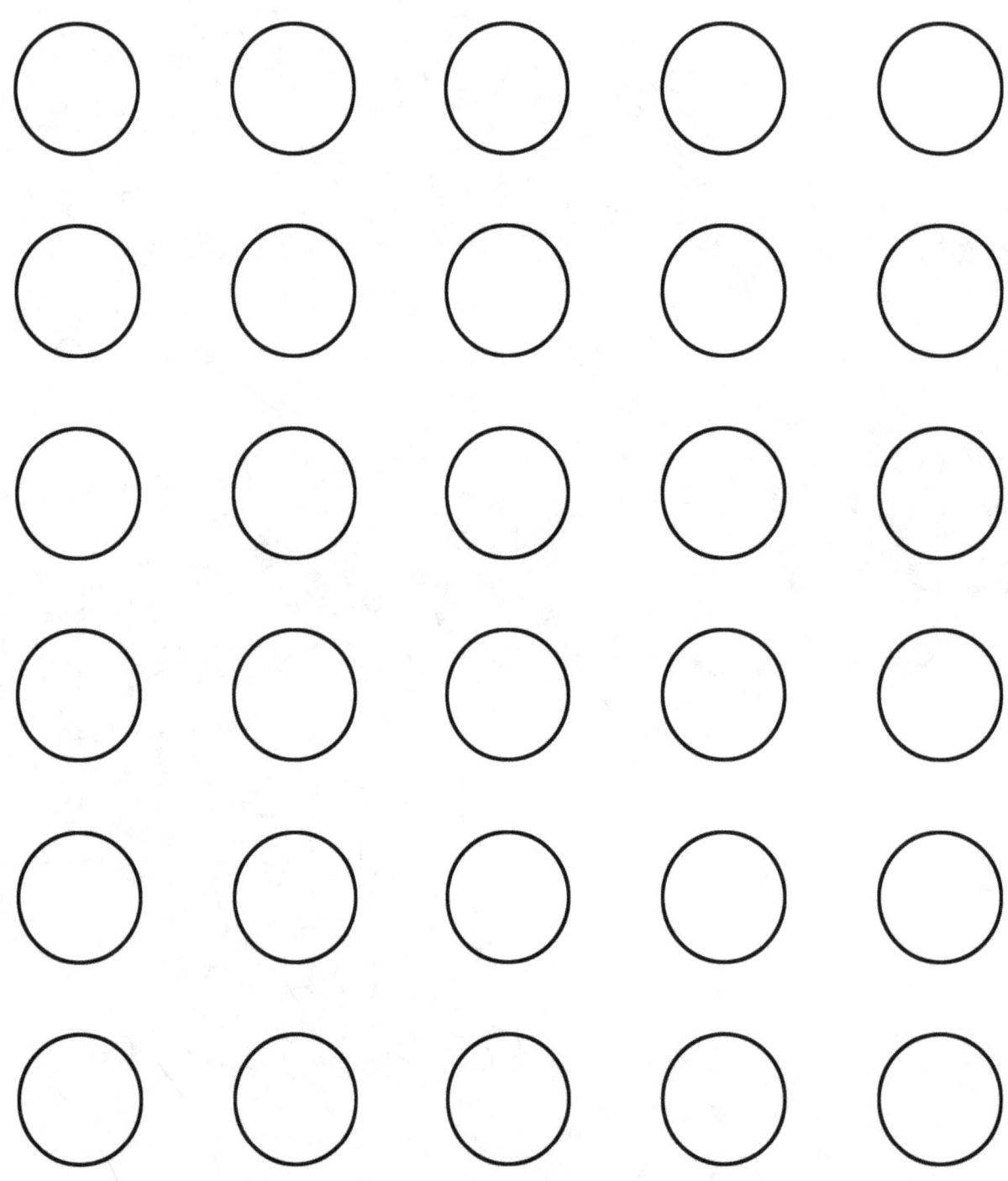

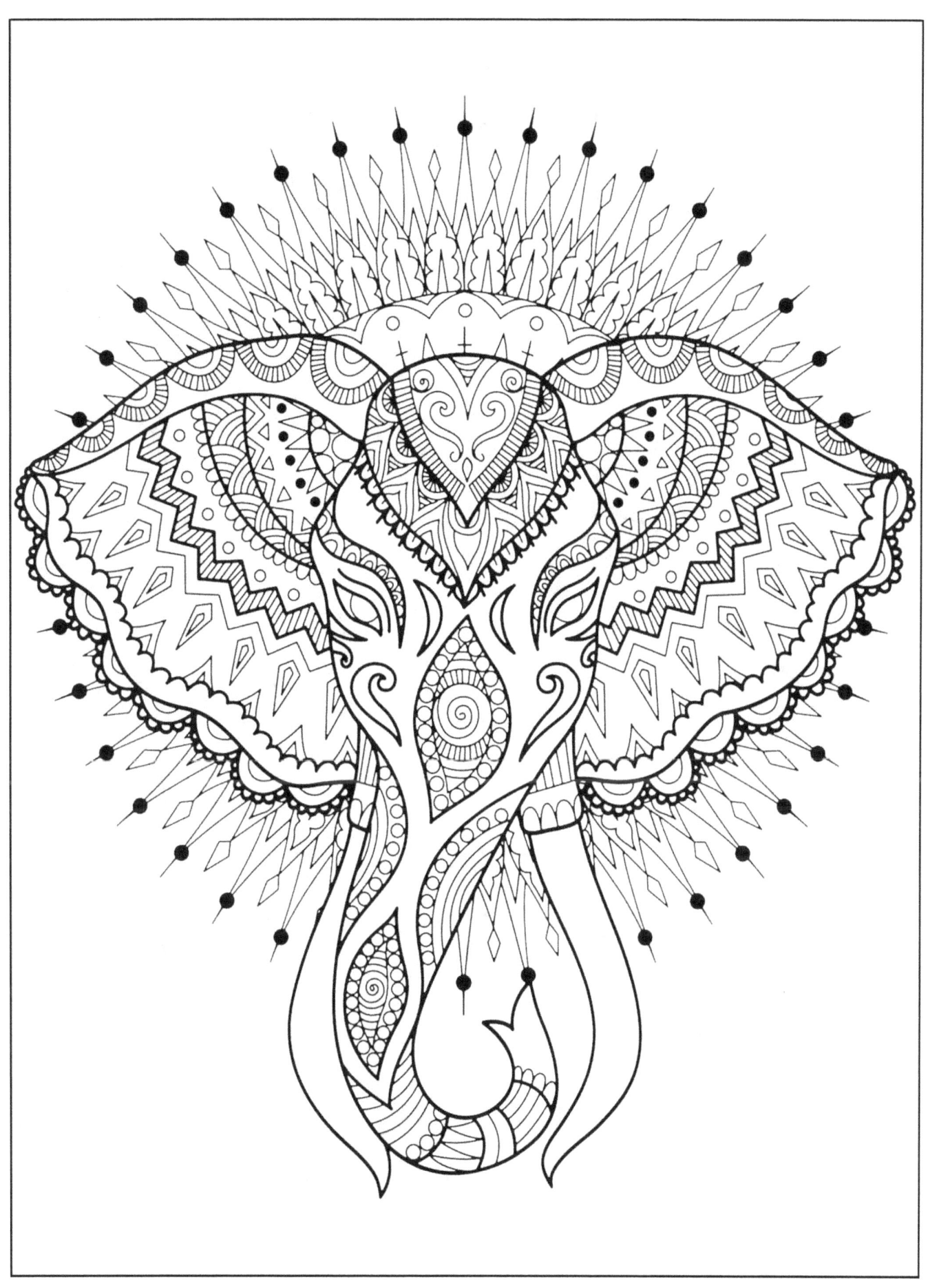

Test Your Color

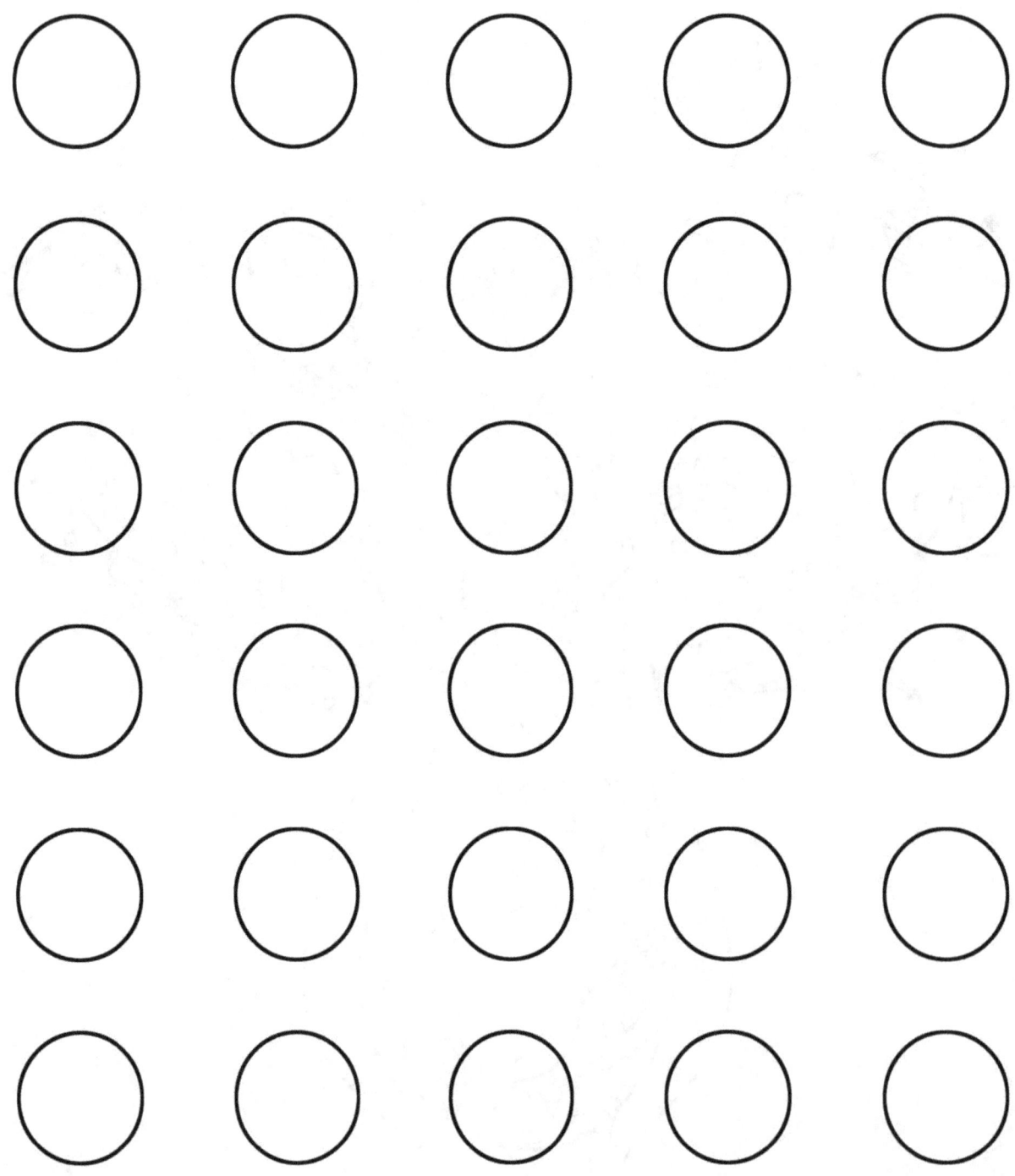

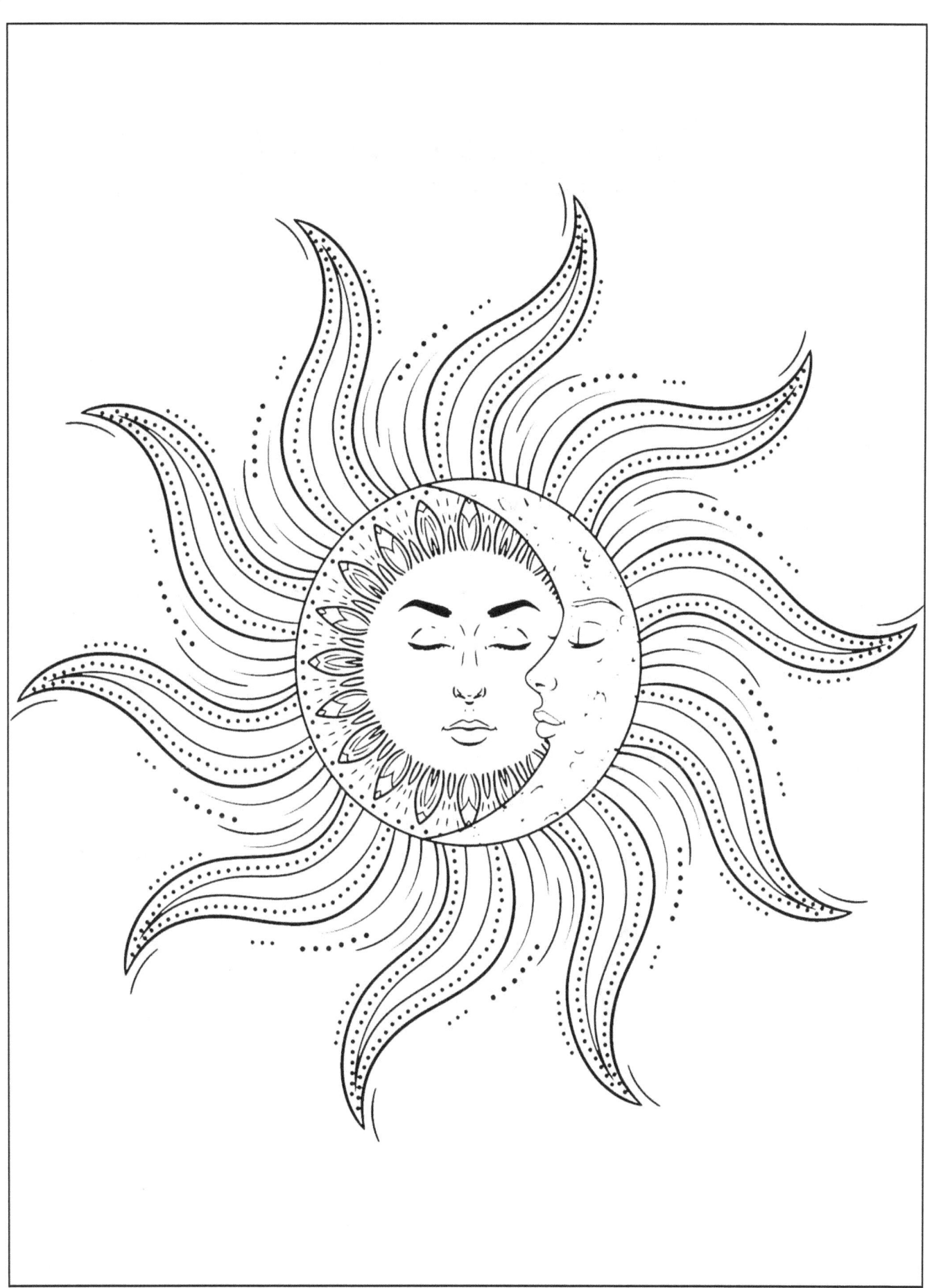

Test Your Color

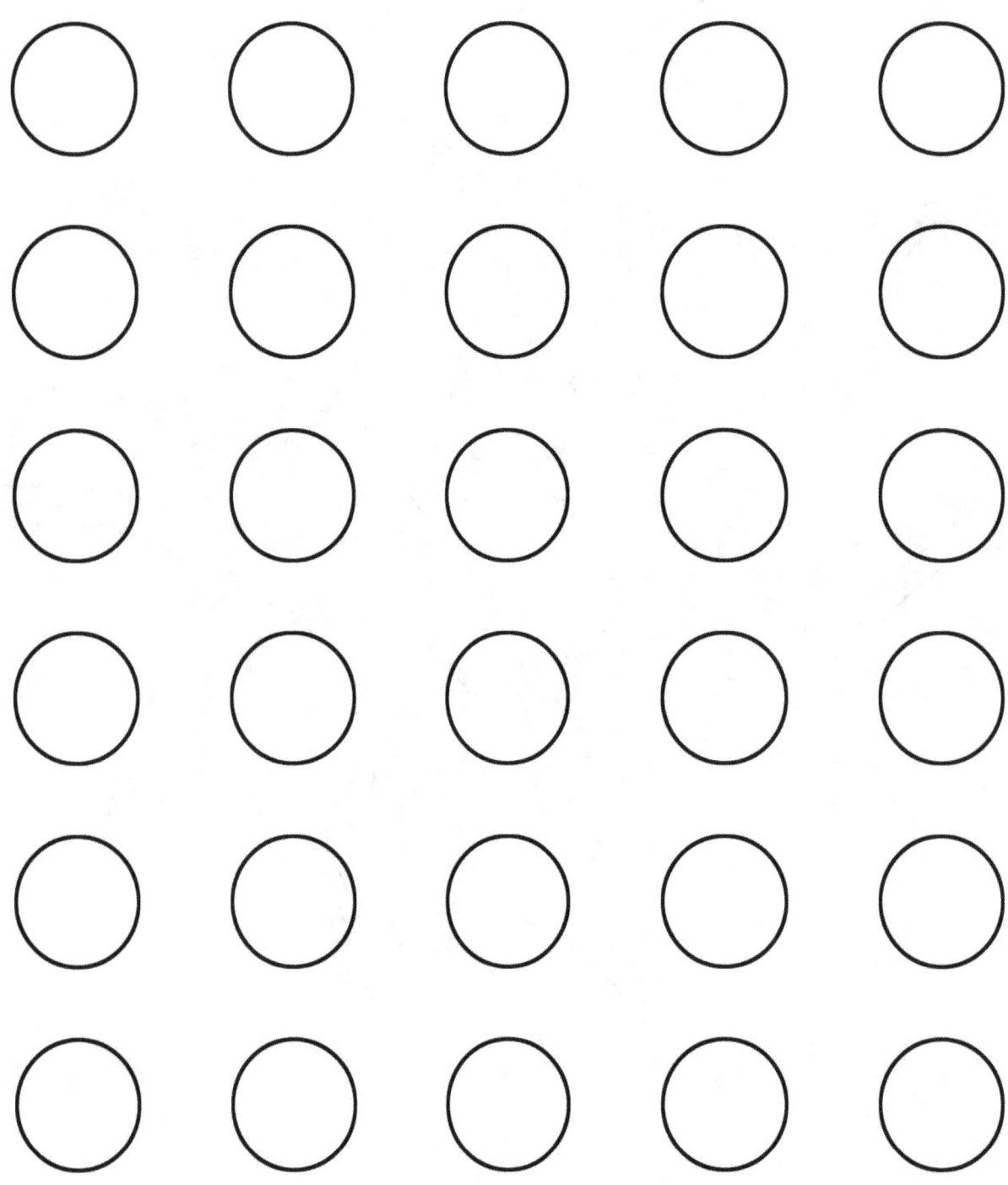

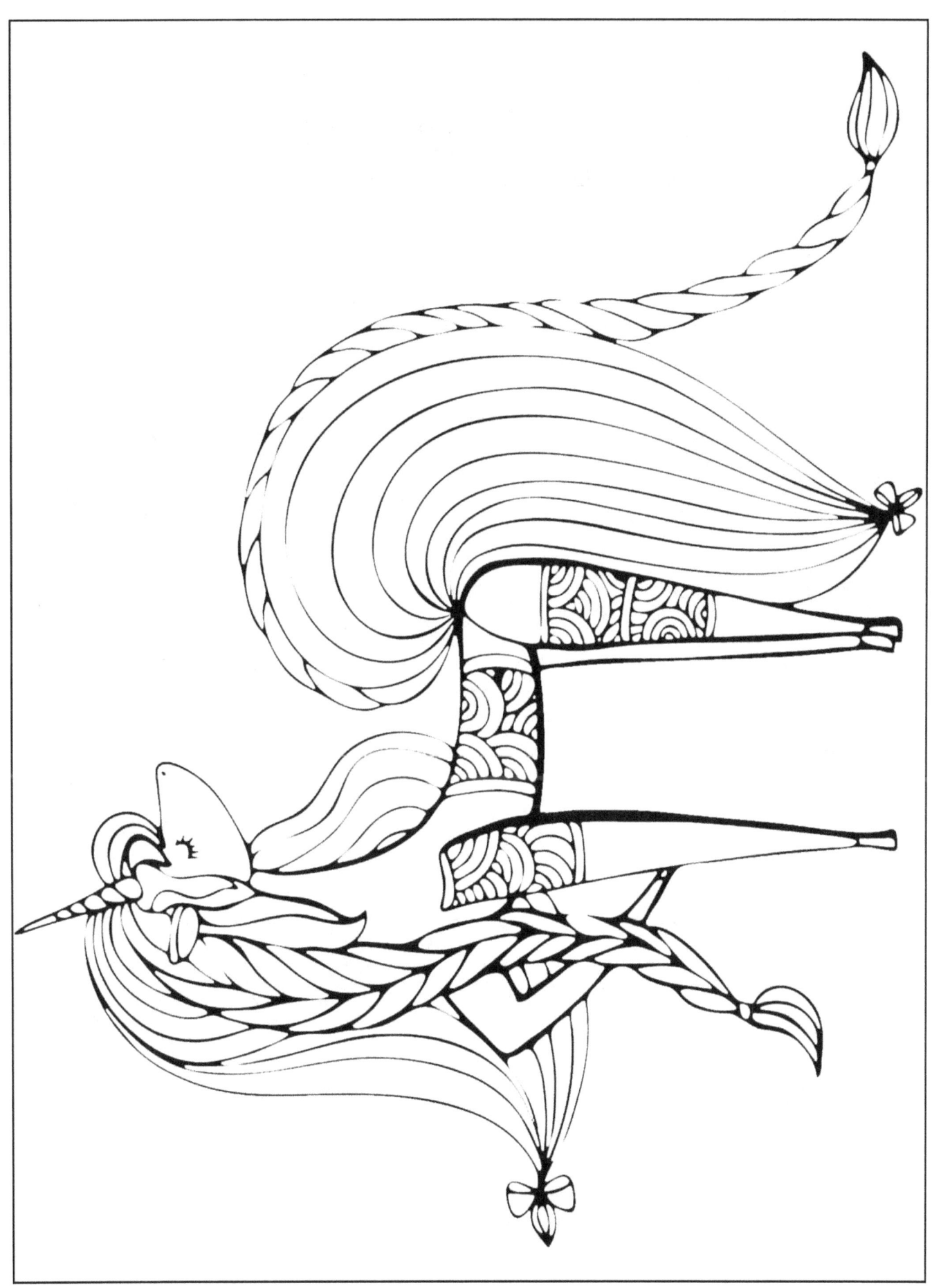

Test Your Color

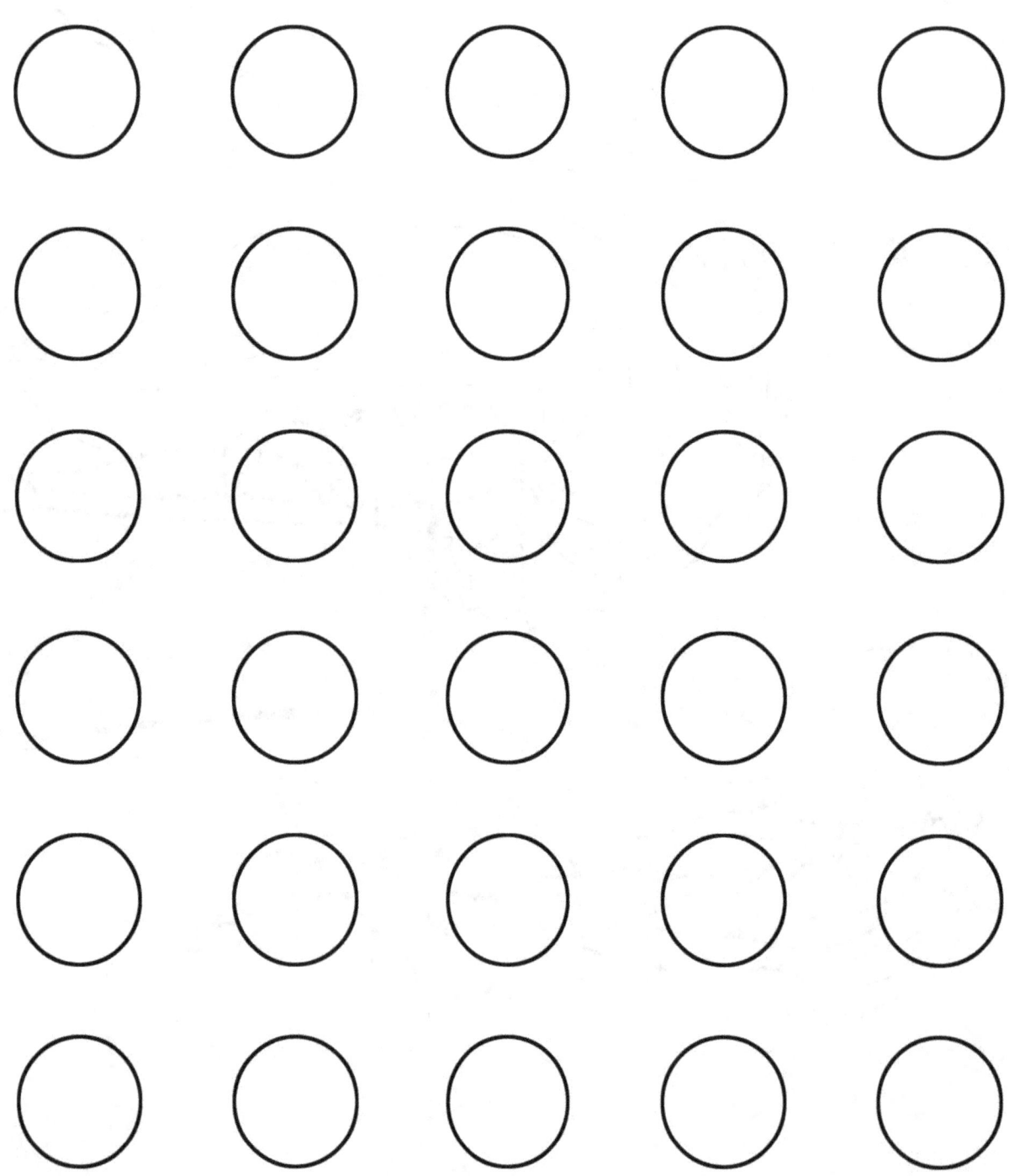

www.ingramcontent.com/pod-product-compliance
Lightning Source LLC
Chambersburg PA
CBHW080847220526
45467CB00008B/2419